女性與聯合國

Women and the United Nations

鄧修倫◎著

叢書序

　　文化向來是政治學研究中爲人忽略的課題，因爲文化涉及主觀的價值與情感，它賦予人類爲了因應特定時空所仰賴的主體意識，從而得以進行各種發展並創意調整，故與當代政治學追求跨越時空的行爲法則，甚至企圖預測歷史進程的必然途徑，可說是南轅北轍的思惟模式。正因爲如此，西方主流政治學的研究議程中，存在著對文化的展開起封閉凝固作用的知識論，當這個議程經由近二十年來留學西方的學者帶回國內之後，也已經對在地政治知識的追求產生封鎖的效果。

　　在這樣的知識社會學背景之下，「知識政治與文化」系列推出了，乃是揚智文化盡其心力，回歸在地的勇敢表現，不僅率出版界的先聲，向西方科學主義主宰的文化霸權宣告脫離，更也有助於開拓本土的知識視野，爲在地文化的不受主導做出見證。這個系列的誕生，呼喚著知識界，共同來發揮創意的精神，釋放流動的能量，爲邁進新世紀的政治學，

注入人性與藝術的氣質。

「知識政治與文化」系列徵求具有批判精神的稿件，凡是能對主流政治學知識進行批判與反省的嘗試，尤其是作品能在歷史與文化脈絡當中，發掘出受到忽視的弱勢，或在主流論述霸權中，解析出潛藏的生機，都是系列作者群的盟友，敬請不吝加入這個系列。不論是知識界勇於反思的先進同仁，或亟思超越法則規範的初生之犢，都歡迎前來討論出版計畫；學位論文寫作者如懷有相關研究旨趣，歡迎在大綱階段便及早來函賜教。

我們期盼伴隨著系列一起成長，任由自己從巍峨皇殿的想像中覺醒，掀開精匠術語的包裝，認真傾聽，細心體會，享受驚奇，讓文化研究的氣息蔚然成風。

叢書主編

石之瑜

序

本書脫胎於我的碩士論文，其中一些資料性的整理，在本書中進行了一些刪改，以增加可讀性。在大學校園裡，關於國際關係理論與國際政治事件的研究，很少關注到女性和性別的面向，更別提從女性的觀點來加以理解。在看到許多文法學科，陸續探討女性主義和性別觀點與各學科傳統和社會現實間的關係，而開始一連串的反省、批判與重建，不禁困惑於在國際關係的領域中，是不是也存在著類似的異議聲音？《女性與聯合國》即是我對於此一研究方向的初步挖掘。令人略感欣慰的是，自八○年代晚期開始，國際關係理論界開始有了反省之聲，雖然一直只能擔當國際關係研究的陪襯角色，但好歹不再是沙漠一片。

本書則是就現實的國際互動出發，縱觀聯合國成立以來五十多年的時間中，對於女性議題的定位及所引發的爭論。由於時間跨越半個多世紀，女性議題也有長足的變化，因此內容難免顯得紛雜而多樣。有興趣的讀者可以就個別有興趣

的議題進一步探尋。這本書的目的也在於此。在台灣學界中，此一主題的引介幾乎付之闕如，在報章上，也僅止於事件式或個人式的報導。因此，對於女性與聯合國這個實例研究，目的即在於透過女性議題在聯合國長時期的演變，展現女性議題動態性的內涵，以及此一動態發展過程中所透露出女性、聯合國、國際政治、性別想像、性別關係、政治性⋯⋯等彼此的交叉互動。

　　本書得以出版，最要感謝的是台大政研所石之瑜老師的大力促成、中山政研所的黃競涓老師，以及原政大國關中心、後轉任台大政治系的黃長玲老師在研究過程中的支持鼓勵與深刻的指導。揚智文化總編輯林新倫先生與吳曉芳小姐的熱心，使得個性疏懶的作者能儘快地將書稿整理後而得以付梓。也多謝在研究過程中給我鼓勵與援助的朋友，以及台大政研所研究室中相濡以沫的同學們。最後，要感謝我的父親與母親，放任我在學術領域中，無後顧之憂地任性而為，家人們對我的體諒與支持，會永遠銘記於心。

　　希望透過這本書，可以開啓更多人對於此一主題的興趣，並期待有更多相關的研究出現。

　　謹為序。

鄧修倫

目　錄

第一章

緒論：邊緣的處境

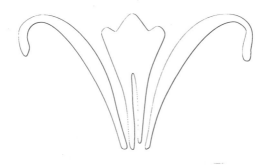

第一節　噤默者

一九八五年六月，一幅無名「阿富汗少女」的凝視，登上了美國《國家地理雜誌》封面，震撼了這本雜誌所通達世界的人們；十七年後，在攝影師史提夫·麥可利（Steve McCurry）的尋覓之下，十七年前無名的少女，現已是滄桑的婦人。一九八五年時，年僅十二、三歲的莎哈巴特·古拉（Sharbat Gula），被拍攝於巴基斯坦一處的難民營中，十七年後，她在烽火兵燹二十餘載的阿富汗，輾轉於各個難民營之間，倖存下來。[1]

一九八八年，韓國女性團體要求調查日軍在第二次世界大戰時期關於慰安所的設置，「慰安婦」的存在第一次被正式地提出；一九九一年八月，韓國女子金學順公開控訴，並要求日本政府道歉、賠償，慰安婦問題成為國際間注目的焦點[2]；二○○○年十二月七日，由日本民間團體發起，多個國際性非政府組織，以及國際法庭法官、主控檢察官暨法律顧問組成的民間國際法庭，進行為期四天的「二○

○○年東京大審」[3]，結果判決當時的天皇裕仁應負
法律責任，並要求日本政府應該對受害女性予以正
式、誠懇且公開的道歉及國家賠償。

這些看似各自獨立的事件，有的被放在社會議題、人權
議題，或者只是人文雜誌的封面故事，其實也是國際政治的
一個面向，只是多半不為我們所察覺；在一般的國際政治議
程之中，也常常被區隔在「政治」的議題之外。當我們進一
步在平常的國際政治範圍中找尋女人的蹤跡時，不論是議題
討論，還是實際政治互動，便會發現無論是在與國家決策有
關的領導人，還是在國際政治上核心的國際組織內部的決策
層次，女性所占據的比例遠遠不及男性[4]；至於那些得以在
國際政治的舞台上搶得媒體聚光燈的女性，若不是言行舉止
形似男性政治人物（Enloe, 1990: 6-7; Peterson & Runyan,
1993: 69-71），就是芸芸難民中模糊難以辨認的面孔。在此，
女人做為國際社會中的組成分子，很少具有政治意義存在，
女性與「女性議題」也很少是我們所熟悉的國際政治議題，
女人因此絕緣於有關於「國際」的知識與理解的範疇之外。
　　不論是作為難民或是慰安婦，女人的確生活在國際社會
之中，也受到國際政治變化的影響；尤有甚之，女人也不僅

僅被動地在國際政治互動中扮演受害者的角色而已，一些國家對外的政治或經濟政策，常常也需要靠這些隱微不被重視的女人們[5]。以許多第三世界國家賺取外匯的重要產業——觀光業為例，其勞動資源的組成大多為女性，其他舉凡空服員（明顯以女性居多）、飯店的清潔女工、酒吧的陪酒小姐和妓女……等，都是觀光業中的組成分子，更別提某些以性產業做為招攬觀光客而形成的性觀光業（sex tourism）[6]。另一個更接近我們生活的現象，即是台灣現在愈來愈多的外籍家庭幫傭，她們在我們生活的周遭，清潔房舍、充當老年人的看護或是小孩的保母…；她們賺取的薪資，回流母國而成為重要的外匯來源，但是與她們攸關的議題，卻甚少被放在國際政治經濟的討論之中。可喜的是，近幾年來國內已陸續有從社會學或勞動政策的觀點，從事外傭與外籍新娘等議題的研究成果展現。[7]

如果我們將「國際關係」和「女性」當做關鍵字來尋找兩者的交集，唯一可以在浩瀚的國際關係研究領域中找到的文獻，大概除了一九八〇年代晚期以降，女性主義國際關係學者在理論與現實政治事件所進行的研究[8]外，只有對近兩個世紀美歐的一些和平運動的討論中，看得到將「女性」的參與，當作一個特殊變項加以看待（如 Brock-Utne, 1985;

Pierson, 1987）。

　　如此看來，在現實的國際政治中，「女性議題」是否存
在呢？如果有，那麼它的內涵爲何？相較於一般將它放在人
權的、或是社會的議題領域加以討論，「女性議題」做爲一
個獨立的議題領域，在國際政治的討論中的意義尤其耐人尋
味。而作爲戰後最重要的「國際政治」的討論場域之一，也
是具有指標性意義的場域——聯合國，即成爲一個探尋「女
性」與「國際政治」兩者間交集的起點。

第二節　「超級男性俱樂部」與「女性議題」

　　聯合國，它是人類在遭遇了第二次世界大戰後，爲了全
面性的和平安康而設立的，在其憲章前言中，即開宗明義宣
示要「…創造適當環境，俾克維持正義，…促成大自由中之
社會進步及較善之民生，…運用國際機構，以促成全球人民
經濟及社會之進展…」。它不但代表了戰後處理全球事務的
重要機構，從這些理想性的文字與它的組織架構來看，聯合
國所企圖要處理的問題也是全面性的。從國際安全與和平的
維持到經濟發展與南北平衡，以及社會福利、人權的保障及
文化保存等，都設有專門組織。雖然對於聯合國發揮功能的
結果褒貶不一，然而在經歷了超過半個世紀的發展，至今它

已成為國際中十分重要的建制，並掌控了相當規模的資源與影響力，甚至是代表某種程度的道德正當性，也成為展現國際政治力量的一個重要舞台。

　　但是，不可諱言的，我們所習慣聽到、注意到與聯合國相關的議題，卻一直局限於傳統的安全議題下，相對應的，這些處理國際安全的機構與議題也被挹注了大量的資源。然而，當我們去觀察這些國際安全議題的談判者與決策者，99%清一色是穿著深色西裝的各國男性政治人物，也因此，聯合國也就不折不扣是一個「超級男性俱樂部」（the biggest men's club）。它所關注的國際政治議題，長期也為所謂的「高階政治」[9]議題所占據與定義。至於那些被歸類為「低階政治」的議題，則常帶有去政治性的意涵，而被放在處理經濟、社會或文化事項的組織議程上，這其中也包括本文所關注的「女性議題」，正由於這些議題的非政治性色彩，也因此處於國際政治的邊緣位置。

　　只是，邊緣並不必然意味著核心是其唯一的方向，邊緣的處境有時反而提供了一個更寬廣的視野來對既存結構進行反省。向核心前進或是核心化，是不是讓噤默者發聲的最終方法？又或者有其他的選擇？透過檢視聯合國體系下女性議題發展的狀況，可以初步探知女性議題在國際政治議程上所

處位置的變化；在關切女性在國際政治社會中的處境是否得到改善之前，透過對聯合國下女性議題發展脈絡的扒梳，提供我們理解性別、政治、權力三者間糾葛關係的起點。一方面反省女性議題的邊緣化以及對於女性主體參與國際政治的漠視與刻板化的印象，揭示噤默者無聲的吶喊；另一方面則透過實際政治實踐中，探討女性議題的發聲所暴露出來的意義，以及各個女性主義對於現實國際政治的反省，對於陽剛的國際政治有何作用。

在此，先簡單瞭解聯合國的組織架構，以及其下直接、間接主管女性事務的機構；再者，就本書所要討論的女性議題的範圍與定位加以闡述。

一、與女性事務相關的聯合國組織

由於聯合國除了其日常運作的專門組織外，還包含了許多周邊機構，尤其是在經濟及社會領域的範圍，如世界貿易組織（World Trade Organization, WTO）、國際勞工組織（International Labor Organization, ILO）、世界衛生組織（World Health Organization, WHO）……等。這些機構和聯合國在特定的議題上形成一種密切的關係，包括討論、諮詢、委託研究調查、執行計畫……等[10]。而女性議題的研究與女

性權利的保障和促進，在聯合國中的組織定位上也一直被放在所謂的經濟與社會的範疇，所以一開始便和這些周邊機構有密切的聯繫[11]（Stienstra, 1994: 75-90）。

從圖1-1的聯合國體系組織架構圖中，可以清楚看到，在性質或是設立目的上專責女性事務的機關，只有成立於聯合國草創初期，位於經濟暨社會理事會轄下的婦女地位委員會（Committee on the Status of Women, CSW）、於一九七三年成立的婦女發展基金（United Nations Development Fund for Women, UNIFEM），以及一九八三年設立的提高婦女地位國際研究訓練所（International Research and Training Institute for the Advancement of Women, INSTRAW）。這三個機構直接被定位為「婦女」部會，但是實際上，在許多議題的討論上，又常常跨越這些部會，而和聯合國大會、秘書處等內部的其他機構溝通合作，許多屬於聯合國下的周邊組織，包括國際勞工組織、國際教科文組織，以及世界衛生組織等，都和這些「婦女」部會保持密切的互動關係。不過，基本上聯合國關於女性議題的討論，仍然集中於經社領域，包括人權、衛生、勞工、教育……等；雖然和平與安全這兩個主題很早就是女性議題中爭論的焦點，但要一直到一九九〇年代末期，聯合國組織中負責國際和平與安全的討論中，才首度引入性

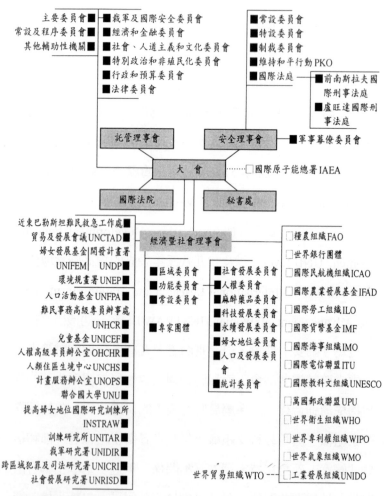

圖例：░ UN主要機關
　　　■其他UN機關
　　　▢體系內部之特別機構與其他自治組織

圖1-1　聯合國體系組織架構圖——主要機構及周邊組織

參考資料：United Nations System, <http://www.odci.gov/cia/publications/
factbook/docs/app-b.html>, 2001/3/31
The United Nations System: Principal Organs of the United Nations.
<http://www.un.org/aboutun/chart.html>, 2001/11/5

別（gender）的面向，女性議題的討論才進入安理會的議程
中。

二、「女性議題」的範圍與定位

維吉尼亞‧莎皮若（Virginia Sapiro）指出（1998：
165），政治中關於「女性議題」的討論，通常可有三種不同
的指涉意涵：第一種意義，指的是對於原來歸屬為私領域中
的事務，特別是那些屬於社會生活中家庭內部（domestic）
的事務，賦予公共／公眾的關切，尤其是像兒童和營養等議
題；第二種意義，則是認為因為女性議題本身具有「狹隘的」
（parochial）家庭內部的關切面向，也因此意味著女性較之男
性對於這些議題有更多的興趣；第三種意義，則是指若暫時
忽略（女性群體）對於這些議題相對不同程度的關切，相較
之下，女性會對於這些議題有「特殊的」利益或特別的（潛
在的）觀點或偏好可能產生。

這些不同的意涵在涉及「女性議題」的討論時或多或少
都會出現，彼此並不相排斥且會有並存的現象；但不可否認
的，一般而言，女人會較男人對於所謂的「女性議題」付出
較多的關心。本書對於「女性議題」一詞的定位，並不局限
於在傳統上被劃歸在所謂私領域的事務，因為女人也是社會

生活中的一分子，會不斷地在傳統的公／私領域之間進行身分的切換；因此，若就議題的範圍而言，女性議題包羅萬象，從對於個人身體的自主（如廢除陰蒂割除、生育子女數量與時間的決定與家庭暴力的防治），到社會整體經濟發展與國際安全和平的促進（如婦女平等就業、受教育、參政等）。同時，受到其他不同生活背景的影響，而使得參與女性議題討論的各方人士會對議題的內涵抱持著不同的想像。但是女性議題也不是廣泛無界，但它的邊界應是可變動的，其基調則在於關注女性主體在國際政治社會下的各種處境。

因此，書中所指稱的女性議題，範疇定在聯合國之下，具體而微地以女性為主體出發的種種相關議題加以扒梳。這樣的討論在聯合國的發展脈絡下尤具意義，主要原因在於如聯合國這樣一個訴諸於全面性、多目標的國際性組織，女性議題的討論會受到多方面因素的交互影響，包括女性主義論述的多元發展、國際社會思潮的變化、國際政治經濟結構的改變，以及聯合國本身權力結構的變化。也因此，「女性議題」不只是簡單討論「性別」因素作為議題探討的面向，在聯合國這樣的國際性組織，「女性議題」的討論更進一步成為各種權力的角逐場域。因此，書中所提到的「女性議題」一詞，本身是一個留待各種不同聲音與力量去競逐與建構的

空間。透過這一系絡議題發展的方向與內容，我們可以觀察
到這些不同的想像與建構，分別呈現出不同的性別意涵。

第三節　觀察的角度與檢視的理路

一、女性主義的視角

> 女性主義在國際關係的理論與實踐上，不能被當成
> 一個樣板，只簡單地來用來製造（對某個國際事件）
> 單一的女性主義視角。相對的，女性主義是用以瞭
> 解一連串的現實、理論、哲學與觀點，而將性別視
> 為一個重要，甚或是核心的分析範疇。（Zalewski,
> 1995: 341）

　　女性主義是一種「視角」（perspective），而不是唯我獨
尊的研究霸權。不論是政治立場，還是傳統國際關係理論、
概念，還是對方法論、認識論上的批判，女性主義從來都是
一個複數的集合，也鼓勵多樣性（diversity）及多元的研究
分析（胡幼慧，1996：20-1）。選擇女性主義作為觀察的角
度，一方面因為女性及女性議題在既定的國際政治架構中長
期處於邊緣的位置，而本書正是源自對於此種現象的反省；

另一方面，書中所要探討的，是女性議題在聯合國內部的發展，並據此反思女性主義國際關係理論的批判。因此，此種視角的選擇，有助於我們反省女性對於國際政治的涉入的意義何在。

珊卓‧哈丁（Sandra Harding）在其大作《誰的科學？誰的知識？從女性的生活思考》（*Whose Science? Whose Knowledge? Thinking From Women's Lives*, 1991）一書中，詰問了當代科學知識價值中立與性別中立的宣稱，在未曾關注到女性的觀點與女性的生活下，實際上只是偏差和扭曲的知識。她指出知識深植於社會情境之中（socially situated）的必然性，並主張女性主義立場論（feminist standpoint），強調身處於性別階層（gender-stratified）的社會中，受到剝削、宰制和壓迫的女性，正由於其處境的特殊性而可提供理解社會現象更為強勢的客觀性基礎（strong objectivity）。對於客觀性的問題，在此並不加以論斷，但要指出，此種視角的採擷，有利於從關懷女性、對性別因素保持敏感的角度，來觀察女性涉入既定的國際政治領域而引發的討論[12]。

然而，不可諱言的，「女性」做為一個全稱性的稱呼有其適用上的危機，除了生理上明顯可見的差異區別了女性與男性的不同外，族群、種族、階級、文化背景……等交互切

割了「女性」群體的經驗。此種差異性在實際的政治實踐時更成爲辯爭、對抗的焦點。

我們很難說上述這些差異因素那一個是更爲根本、重要的，但正如女性主義本身的多元內涵與精神，這些因素使我們在討論女性議題時，不能將焦點全然放在「性別」的考量上，同時要注意到什麼樣的背景與身分，促使同爲「女性」卻造成相互衝突的論點。因此，此處所稱的「女性主義的視角」，是一個多元開放的基點，並對上述差異性保持開放與體察的態度。

二、女性議題的發展理路

透過歷史發展的脈絡，本書將從聯合國在負責女性事務的層次，以及女性議題的內涵、範圍，及其在聯合國內部及國際上所獲得重要性的改變爲準，將女性議題在聯合國內部的發展劃分爲三個時期加以討論：自聯合國成立（一九四五）至一九六〇年代、一九七〇至八〇年代，以及一九九〇年代。

必須要提醒讀者的是，這三段分期是很武斷的切割，因爲歷史的發展是一種連續的過程，近期的變化必然會受到早期發展的影響；同時，建制的改變，通常都是爲了因應社會

政經結構以及各種思潮和運動,通常等到這些新的觀念累積
到一定的能量時,既存的建制才會對這些挑戰進行反應。所
以我們將會看到在一九七〇年之前,影響聯合國內部女性議
題內涵的發展,絕大部分是受到整個十八、十九世紀自由主
義女性主義及女性投票權運動的影響;而一九五〇和一九六
〇年代聯合國內部的政治互動與勢力消長,又深深影響一九
七〇年代之後女性議題的內容。

　　這三個時期分段標準的選擇,乃是就女性議題內涵的範
圍和女性議題在國際議程上曝光的程度加以區分的。在一九
七〇年以前,隸屬於經濟暨社會理事會下的婦女地位委員
會,是聯合國中唯一正式被賦予處理女性事務的機構。在此
期間內,婦女地位委員會的工作局限於聯合國體系內部,包
括本身所進行的研究調查的工作,以及和聯合國其他專門組
織之間的合作。然而自一九七〇年代中期橫跨到一九八〇年
代中期的聯合國婦女十年的活動,使得聯合國主導的女性議
題開始「國際化」(internationalization),三次世界婦女會議
的召開,使女性議題的內涵與範圍有了大幅度的變化;同
時,多項的宣言與國際規範也在這個時期產生。

　　經過了一九七〇和一九八〇年代的辯論與發展,到了一
九九〇年代,關於女性議題與國際政治之間的關係開始受到

正眼的對待。過去二十年的討論，依舊將女性議題和傳統國際政治的面向加以區分，屬於傳統高階政治的國際安全、軍事以及世界和平等議題，並不注重女性的角色。但到了一九九〇年代，開始有一些從女性立場加以思考的規範出現，諸如對於安全內涵的再思考，將女性所遭受到的暴力行為，由原來歸屬於國內／家內領域，放到國際／公共領域加以討論與規範，使之成為國際規範的一部分（United Nations, 1995: 51-2）。

　　這三段時期女性議題內涵與範圍，可以說是從政治與公民權利在立法層面的保護，逐漸因為社會思潮、國際情勢的改變，而將焦點擴大到對於社會經濟體制的反省與挑戰，繼而向傳統高階政治的軍事安全面向發展。也就是從法律面，走向社會制度、結構，再進一步反省到最具陽剛性質，也是被認為是國際政治核心領域——軍事安全。

註釋

1 關於Sharbat Gula的故事，可參見國家地理雜誌網站，其中有詳細的介紹，網址爲http://www.nationalgeography.com/ngm/ afghangirl。

2 其實在第二次世界大戰之後，本著對「人」權、「人」道的尊重，分別於德國紐倫堡與日本東京審訊德國與日本戰犯，此即著名的紐倫堡大審（1945.10）及東京大審（1946.6）。其中確認了違反和平罪、戰爭罪、違反道德罪及同謀罪。而戰爭過程中的性剝削與性犯罪，即對慰安婦「人」權伸張，卻遲了將近半個世紀，才首度在國際間「發聲」。關於台籍慰安婦議題的相關調查，可參閱婦女救援基金會主編的《台灣慰安婦報告》（1999）。

3 全名爲「二〇〇〇年戰爭性迫害國際審判」（Women's International War Crimes Tribunal 2000），由日本民間團體「戰爭中受暴力侵犯婦女保護組織」（Violence against Woman in War Network）發起，規模爲1500-2000人規模的國際民間法庭，針對被日本政府束之高閣已久的慰安婦問題進行審判，起訴對象爲包括日本天皇在內的高級官員，以終結日本軍隊性奴隸罪犯豁免權，並向全世界宣示禁止戰爭中對婦女施加性暴力罪行的決心。相關討論可參見「台灣婦女資訊網」網站中的相關資料。

4 就各國政府領袖（包括總統與總理）的數目來看，到一九九二年爲

止，只有八位總統及十五位總理是由女性擔任（Peterson & Runyan, 1993: 46-48）；而一九九五年至目前為止，現任的女性首長（包括總統和總理）只有六位；就女性在世界各國國會的比例來看，到了二○○一年時，平均為13.8%，然而地域的差距很大——北歐國家高達38.8%，而阿拉伯國家只有4.3%（http://www.ipu.org/wmn-e/world.htm, updated on March 8, 2001）。雖然說女性主政並不必然意味著國際關係的陽剛性質得以轉化，但明顯地，在兩性比例的占有率上，女性慣常是在（國際）政治的領域中缺席。

5 辛西雅・恩羅（Cynthia Enloe, 1990）立基於女性的立場，檢視出許多不為傳統理論所認知的女性角色在現實國際政治中所發揮的影響力，包括性產業中的女性、各個民族主義運動中的女性、外國駐軍基地的女性、外交官夫人、好萊塢的女星，以及跨國公司在第三世界國家工廠中工作的女工等。

6.所謂的性觀光業，特別是指那些以性服務的提供做為觀光的主要標的（Enoloe, 1990: 19-41），這樣的行為用我們比較熟悉的詞彙表達，即是一般常聽到的買春團。

7.可參見林津如，〈外傭與女人之戰：女性主義策略再思〉，收錄於《台灣社會研究季刊》（台北：唐山，2002），39期，頁92-152，以及夏曉娟，《流離尋岸：資本國際化下的「外籍新娘」現象》（台北：台灣社會研究，2002）。

8 女性主義對於國際關係研究的涉入，當以一九八○年代晚期開始，
尤其以一九八八年於倫敦政經學院所舉辦的「女性與國際關係」
（Women and International Relations）研討會爲一重要標竿，其成果
集結刊印在同年出版的 *Millennium* 冬季號（vol. 17, no. 3）上，在往
後十多年間，相關論述陸續湧現。

9「高階政治」（high politics）與「低階政治」（low politics）的區分，
可以追溯到冷戰初期以美國爲本位的思考。「高階政治」指的是在
國際體系中與國家安全、和平、軍事及和其他國家間關係等相關的
議題；在東西對抗的年代，這些議題因爲主宰了高層政治決策者所
關注的議程因而得名。相對的「低階政治」的範圍普遍被認爲屬於
政治經濟及社會面向的議題，諸如環境保護、社會運動、經濟資源
的動員等，這些議題在當時不被認爲具有國際普遍的重要性，因此
由在科層組織中較爲低階的官僚所負責。尤其自冷戰以降，和國家
安全有關的高階政治的議題就成爲決策階層關注的焦點，這和當時
國際環境及以現實主義所主導的理論主流有密切的關係（Kegley &
Wittkopf, 1993: 10-11; Barnett, 1994: 531）。

10 憲章第五十七條第一款規定：「由各國政府間協定所成立之各種專
門機關，…於經濟、社會、文化、教育、衛生，及其他有關部門負
有廣大國際責任者，應…與聯合國發生關係。」

11 這可能和早期的許多女性運動團體即是透過諮詢、遊說等方式和國

聯等國際組織產生聯繫的歷史有很大的關係。因此，在聯合國成立後，這些組織仍然和經社理事會、婦女地位委員會等機構維持密切的關係。

12 哈丁指出，雖然「視角」與「立場」二詞常常交互使用，但在「踐履」（achievement）的面向上，兩者仍是有差異（Harding, 1991: 127）。

第二章

女權正當性的思考

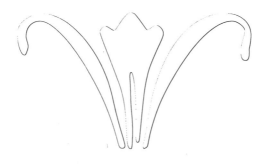

　　受到十八世紀以來女性意識的逐漸覺醒，婦女運動也從歐美向外擴展。最早的論述，是以自由女性主義對於傳統政治論述中公領域的平等權利追求爲主，尤其是在政治、公民及經濟權利三個方面。這些運動團體不僅在本國，同時也開始尋求國際性的連結，雖然彼此間的歧異性仍然很大，但也因此迫使聯合國在成立之初，不得不在其憲章規範與組織架構上思索女性的相關問題，從而呈現當時在國際層面對於性別議題[1]的看法以及因應之道。本章探討自聯合國成立到一九七〇年之間，聯合國對於女性議題的思考，從憲章條文的辯論、專門組織的定位到這二十五年間關於女性權益的立法三個方面，可以看出此時女性議題的內涵是以「權利的賦予」作爲探討的主軸，透過在法律上的平權條款從而以人權保障的角度賦予女性在政治、經濟和社會權利三者的正當性與普世性基礎。

第一節　女性意識的萌發及國際事務的涉入

一、平等權核心的女性主義論述

　　近代女性意識的發軔，始於歐洲和北美。第一波的婦女運動主要在爭取女性在傳統公領域中與男性同等的權利，主

張女性有資格參與傳統以來以男性爲中心的政治領域，應享有受教育、工作、財產權及政治上的各種權利，這些主張的匯流成爲「投票權運動」（suffrage movement），成爲十九世紀末到二十世紀全球女性運動者所積極努力的目標（閔冬潮，1991：45-162）。投票權運動的幾個特色：第一，運動的主體主要爲各國國內的中上階級女性，她們批判法律上性別不平等的現象，主張應在法律規範上賦予女性與男性一樣平等的權利；第二，這些運動常常是伴隨著其他的運動而起，如美國的女性投票權運動是受到廢奴運動的激發，亞、非和拉美的婦女運動則和第二次世界大戰後的民族獨立運動之間有緊密的關係；第三，女性投票權的獲得，通常是在戰爭結束後或民族獨立戰爭後，因爲女性在戰爭期間的卓越表現與付出，或是在民族獨立運動期間的貢獻，才得以獲得[2]。

這些根植於中上階級的第一波婦女運動，接受西方自由主義關於人類具有理性的論述與傳統公私領域區分的思考，強調女性在理性及能力上與男性並無二致，因此應成爲男性在公領域中的平等夥伴。其核心的概念在於「平等」，而平等的意義之一就是「相同與平等的對待」，尤其是同等的法律待遇。此種自由主義式的女性權利論述，認爲女性受壓迫

的原因在於法律規範上的不平等，因此其主要目標在於剷除
形式上及法律上的男女不平等，其基本運作方式則是在法律
領域裡爭取個人權利的保障（林芳玫，1996：3-15），並思
考如何透過法律的規範將女性加入到原來以男性為主的公領
域中。從十八世紀高唱男女教育平等，十九世紀進一步要求
公民權利與經濟機會平等，以及延續到二十世紀初期的投票
權運動，自由主義的女性主義論述要求將男人所享有的政
治、公民及經濟權利也擴及女性（Tong, 1987: 23-35）。

二、女性與國際的連結

　　在十九世紀末二十世紀初期，歐美的一些女性團體開始
透過婦女運動逐漸涉入國際性的活動。藉由一些正式組織的
建立，如國際女性會議（International Council of Women）及
國際婦女投票權聯盟[3]（International Women's Suffrage
Alliance）等，使得布爾喬亞的女性趨向積極與組織性的事
務，並和主流政治下的國際組織建立聯繫；在面對戰爭的威
脅下，這些團體在二十世紀初期形成了一股國際女性和平運
動的潮流，直至今日仍可見一些女性和平組織積極地在國際
上活動（Chatfield, 1991; Brock-Utne, 1985; Pierson, 1987;
Anderlini, 2000）。

　　大部分這些運動者相信女性在國際層次的參與將有助於將「好妻子與好母親」的角色延伸，標榜女性在道德上的優越性將有助於矯正戰爭的邪惡（Stienstra, 1994: 60）。一九一五年海牙的婦女國際大會及一九一九年蘇黎士的會議都是由這些國際性的女性團體所召開的，第一次世界大戰結束後的巴黎和會，也成為這些女性運動者所嘗試發揮影響力的場域。她們討論應如何解決世界上戰爭頻仍的問題，透過將女性投票權和世界和平之間的關係加以連接，指出賦予女性投票權將使得全世界女性得以發揮影響力來防止戰爭的發生（Ibid: 51-8）。雖然成果有限，但是這些國際活動的發動與參與，超出女性活動的傳統疆界，並將女性推向直至今日仍被認為屬於陽剛領域的戰爭和國際事務的世界（Gelay, 1995a）。

　　這些努力使得女性團體和主流國際建制，包括國際勞工組織和國際聯盟，建立起聯繫與溝通管道。國際婦女聯盟從一九二〇年開始推動已婚婦女國籍立法的活動，促使國聯在一九三〇年開始就婦女國籍方面進行研究和立法的工作；然而，因為第二次世界大戰的爆發及女性團體間不同的意見，已婚婦女國籍的問題在一九三〇年代並未獲得解決（Pfeffer, 1985: 461-6; Stienstra, 1994: 67-75）。但是這些國際女性團體

因此學習到如何和主流國際建制進行溝通聯繫的工作，透過遊說、抗議、諮商等方式，使得女性事務組織的設定成為聯合國憲章制定時所必須要面對的問題。

　　此時的女性團體的爭議焦點，在於對於女性不平等地位的理解與追求目標上的差異，大致可分為兩大派別：一是平等權利女性主義者，認為男女平等必須立基於同等的基礎上，女性的附屬地位是因為未能在法律上予以平等的規範，因此致力於改正政治上與法律上不平等的權利規範，這一派和自由主義傳統下認為女性擁有同樣理性能力，但受制於社會規範上的機會不平等，從而和戮力於平等權利爭取的脈絡相合；另一派被稱為社會改革者，則是認為男女生理上的差異更甚於相同之處，因為女性生理上不如男性強壯以及其所擔負的育兒角色的緣故，故應該施予保護性的立法，而更強調社會福利的保障（Pfeffer, 1985: 459-61）。前者反對保護性立法，認為如此有違男女平等的原則，後者則更強調男女間的差異，從而認為法律上的平等條款未能正視到肇因於生理差異所帶給婦女的局限。此種著重男女相同或是相異所產生對於女性處境不同的改善方式，也一直延續到聯合國成立之後。

　　戰後的一九五〇年代，不論是西方國家內部，抑或是國

際性的女性思潮和婦女運動都暫時告歇。而戰前即和國際建
制建立起互動關係的幾個重要的國際性女性團體，透過戰前
所建立起來的溝通管道，而得以諮詢的身分和經社理事會保
持頗為密切的聯繫，並持續地在政治權利和公民權利相關的
公約和宣言討論上，向經社理事會和婦女地位委員會施壓；
然而有能力影響聯合國女性議題設定的國際婦女團體，仍以
戰前幾個西方主流社會中上階級女性所組成的團體為主[4]
（Pfeffer, 1985: 468-70）。

第二節　「女性議題」特殊地位的賦予

　　藉由上述十九世紀末二十世紀初，歐美各國國內及國際
性的女性運動的積極運作所賜，使得聯合國在醞釀成形之
際，兩性平權的字眼以及在組織架構上應如何定位處理婦女
問題的相關機制，也得以成為聯合國憲章制定時一個討論的
焦點。實際上，在一九四四年的頓巴敦橡樹園會議時，不論
是女性的參與者或是與女性地位相關議題的討論都是付之闕
如的；經過許多的女性運動團體的抗議後，次年的舊金山會
議中，女性的代表、助理代表與顧問們才成為與會的一員。
這些女性的與會人員，很多本身即是各國國內婦女運動的領
導者，由於她們的積極參與，以及四十多個女性組成的非政

府組織運動者的努力，今日在聯合國憲章中，我們才得以看到關於性別平等的隻字片語[5]（United Nations, 1995a: 10）。

不過，在舊金山會議中雖然有女性代表與顧問的出席，但她們的參與仍局限於非軍事性的議題，尤其多半都集中於關於女性平權及社會性議題的討論小組中；同時，憲章中關於男女平權文字的討論，也幾乎完全由女性代表所發起（Stienstra, 1994: 78-9）。在這些討論中，有兩個主要的爭論點：一是對於憲章第八條中，是否應明文載入男女同樣具有擔任聯合國職務資格的規定；二是對於應否將專責女性地位與權利事務的組織，從人權委員會之下獨立出來與之平行。

這兩點辯論，反映了當時認為性別因素並不是一個在國際層次上思考的議題，但又無法完全加以忽視，因此透過將女性議題加入國際政治議程，作為一種安撫或獎勵；另一方面，主張女性議題列入聯合國議程的正當性理由，也訴諸於女性對於國際已經付出和即將付出的貢獻，要求將女性加入國際議程中。

一、聯合國憲章第八條的辯論──性別是否相關？

聯合國對於男女均得在其主要及輔助機關，在平等條件之下，充任任何職務，不得加以限制。

──聯合國憲章第八條

　　這個在今日看起來平凡無奇的條文，在當時可是經過代
表們一番唇槍舌戰才得以確定。辯論的焦點，在於應否在憲
章中明文定出性別上的無歧視條款。贊成者認為，鑒於女性
對於世界和平的貢獻，應訂立此項平權條款，用以確認並回
饋女性的貢獻；同時，女性權利的發展歷程證明了女性權利
的重要價值，因此應在聯合國憲章這樣一個公開的法律文件
中，銘刻上性別平等的原則。反對意見則強調，並不是對於
女性的能力有所懷疑，而是認為「此項條款特別提出女性的
參與和代表資格，可能被詮釋成會員國國內事務的一部
分」，因此有干涉國家內政之虞，同時「憲章中本就存有非
歧視的原則，而特意舉出性別反而意味此一原本並不存在、
也不被期望存在的議題」（Stienstra, 1994: 79）。

　　這兩方的說法都隱含了某種性別假設。贊成一方將女性
對世界和平的貢獻做為獲得平權許諾的前提，顯示並未預想
到在社會中女性有超出既定刻板角色的可能與事實，然而又
不得不承認女性在戰時的表現的確超越了社會上既定的刻板
角色，包括了對戰事在後方與前線的支援及和平締造的努
力，故必須獎勵她們，然而同樣的條件邏輯卻並未用於對待
男性資格的賦予。反對的一方則認為憲章條文對於男女並無
不同的效果，此舉將不必要地引發一些「不存在」的性別問

題，這樣的論述無疑地是認為，不談性別就是性別中立，故對於性別不平等的現狀反有忽視的作用；同時，將女性擔任職務資格的有無劃歸到一國內部的事項，隱含了這些與性別相關的議題，仍被認知為屬於國內性與社會性的事務（Stienstra, 1994: 79-80）。

雖然此一任職資格的性別無歧視條款最終仍是被採納了，我們也可以從條文的字句中看到了男女平等的規範，但從上述的論述邏輯中，可以發現贊成和反對的兩方都並未以女性作為主體的思考，若非以性別中立的語言加以排除，就是將女性平等資格的賦予視為一種酬庸性質的需要。

在實際運作上，該條款在相當長的時間中只是聊備一格，在相當長的一段時間中，聯合國內部男女在任職的比例與級別上，仍有相當大的差距。從一九五〇年起，聯合國內部就不斷地就此現象進行研究與反省，但是在兩性任職比例、工作內容取向和職員的福利規範方面，諸如職員的獎勵金、退休金等發放上，仍具有性別歧視的現象而未能符合憲章第八條的規定（E/CN.6/132: Part I, B; Timothy, 1995: 117-9）。這種現象在一九七〇年代之前雖然被不斷提出檢討，但依舊未能獲得積極地改善。以秘書處的專業職員（P-1～P-5）[6]性別分布為例，一九五〇年的報告顯示，女性占全部專業人

員的23%，其中中級以上的職位（D-1, D-2），女性只占14.5
%（E/CN.6/132）[7]，到了一九七一年，女性在專業人員（包括
P-1～P-5與D-1, D-2）中的比例則降爲17%（Timothy, 1995:
121）。雖然一九七二年時，芬蘭籍的海爾薇‧史彼拉（Helvi
Sipila）女士被任命爲聯合國第一位副秘書長，並開始在諸如
退休金等福利規範上開始修正，一九七四年大會也進一步正
視聯合國內部職員性別比例懸殊的現象，並要求在資深及決
策職位上朝向性別平衡的目標邁進（Nicol & Croke, 1978:
15），但是根據一九九二年的報告，雖然P-1到P-5中的女性
比例增加到34.1%，但是在D-1與D-2中級以上職位的女性比
例，卻降爲11.3%（Winslow, 1995: 175）。[7]

二、專門組織的成形與定位——女權 vs.人權

做爲一個功能性組織，一九四七年婦女地位委員會從聯
合國經社理事會下人權委員會的次委員會，升級成與其同等
層級的委員會（E/RES/2/11），成爲聯合國體系中明確在組織
定位上負責女性相關議題的專責機構，直到一九七○年之
前，它也是唯一被賦予研議婦女地位與權益的機制。然而從
憲章的制定一直延續到聯合國正式成立，關於應該將專責女
性議題的機構放在何種位階——隸屬於人權議題之下，抑或

是平等的關係——則成為另一個辯論的焦點。

當巴西代表團在舊金山會議上提議為了因應女性的特殊需要，而應成立一專門負責的委員會時，反對的意見卻來自美國方面的女性代表，她們認為人權議題應該而且足以包含女性權利的討論。當時具有標誌性的女性人物，美國羅斯福總統的遺孀，艾蓮諾‧羅斯福（Eleanor Roosevelt），同時也是聯合國人權委員會第一任主席，則特別強調男女平等的精神已包含在憲章中而不應重複，她指出：「女人應立基於平等的基礎進入（聯合國），除非她們代表了某種特定的對象，否則甚至不應將其視為特殊的團體」（Pfeffer, 1985: 468），極力反對將女性地位相關的議題與普遍人權議題加以區分。這一方認為「將女權外於人權整體之外來討論是錯誤的，若將女權獨立出來是必要的，…則所有的權利都應獨立討論了」（Stienstra, 1994: 83）。這樣的說法其實承繼了戰前平等權利女性主義的論述邏輯，亦即強調男女間的相同性，從而一切以「男女平等」名之，但卻未回應於所謂的「人權」內涵其實長久以來是從男人（尤其是西方的中上階級的男人）角度出發的情形[8]；同時，既存結構對於女性的限制，以及肇因於女性身體經驗的特殊性，女性所需要的權利保障和既存的「人權」保障仍有一段落差。

　　然而，主張應將次委員會升格爲完全委員會的一方，卻未必就是從女性作爲一個存在主體來加以思考。女性地位次委員會的第一任主席包迪爾·貝葛楚（Bodil Begtrup）在一九四六年五月直接向經社理事會提出的建言中指出：

> 雖然女性的問題不應和男性的問題加以分開，但無論如何這只是理想性的，既不合實際也不符合學術。事實表明，經社理事會有其特殊的問題與女性地位相關。…令人感到歡欣的是，鑒於當下全世界婦女處境似乎已到了改變的時刻了，首先是由於在戰時參戰的各國中，因爲男女在反抗運動及戰事中的同志情誼，使得男性對於女性的態度產生極大的改變；再加上簽署憲章的各國政府也已宣誓並展現出對於促進男女兩性平等的興致；最後，聯合國所展現出對於女性地位興趣的結果，大大地喚起全世界女性的希望與興趣。…我可以保證，全世界的女性將會付出心力及意志來保證聯合國促進和平的任務。（E/PV.4）

　　這樣的論述和憲章第八條的爭論一樣，倡議賦予女性事務機構特殊地位的論點，在於強調女性在戰爭中的貢獻，進

而要求成立婦女地位委員會以作為一種獎勵、一種回饋或是報償；主張婦女地位委員會的獨立性，「並非在強調女性權利與人權不同，而是因為女性權利將不會在人權委員會的優先名單中」（UN, 1995a: 12）。因此，雖然所爭取的是賦予女性事務特殊地位，但論述的方式（或策略）卻是一再強調女人做為人類半數的存在，會（將會）對於國際有不亞於男性同胞的貢獻，所以應該享有同（男）人一般的種種權利，也同意女權做為人權的一部分，標舉出「人」及「人權」的普世性價值。結果，雖然強調女性議題的重要性，卻未能強而有力地指出，女性議題之所以具有獨特重要性的地位，就在於其與傳統以男性中心所思考的「人權」議題的差異處，而只是模糊地表示「女性權利將不會在人權委員會的優先名單中」。

此外，正如同貝葛楚所說：「全世界的女性將會付出心力與意志來保證聯合國促進和平的任務。」女性權益的倡導者，似乎必須一再地保證女性能夠對於國際社會民生擔負責任並做出貢獻。在婦女地位委員會的組織原則中也同樣宣誓：

社會的福祉與進步，有賴於男女兩性得以發展其人

格…，女性在建立一個自由、健全、富裕及道德的
社會中，扮演了確定性的角色，因此只有自由且負
責的社會成員得以擔負此種義務；爲了完全消除法
西斯意識形態及爲建立全球人民彼此間的民主和
平，並防止進一步的侵略，女性必須在此種鬥爭中
扮演積極性的角色。（E/281/Rev.1, ch. X, I）

這種利益交換的論述邏輯（或策略），和十九世紀女權
的倡議者約翰‧史都‧彌爾（John Stuart Mill）所主張的賦
予女性同等的公民自由與經濟機會平等，乃是因爲由此「社
會定能獲得包括富有公眾精神的公民，男人將可獲得能在智
識上彼此砥礪的配偶，服務人群的生力軍將能成倍數…」
（Tong, 1987: 32）的論述的方式十分類似，都是藉由突出女
性對既有社會結構所能發揮的強化功能，來強調取得公領域
中地位的合法性。

由於婦女地位委員會的完全資格是對於女性戰爭期間的
貢獻所做的獎勵，同時又特別強調女性權益的保障屬於人權
保障的一部分，並且期待透過將傳統公領域中的權利向女性
開放，從而促發女性對於國際社會潛在功能，因此其職權範
圍的定位，一開始即受到相當的限縮（Stienstra, 1994: 85-

6），在接下來的二十年中，其工作焦點只在「既存的法律和風俗中對於女性政治、社會和經濟權利…妨礙的檢視，同時要架構一個（女性的）教育機會的行動草案」（E/RES/48, IV, para. 6）。因此兩性在權利上的平等成為其工作的核心目標（E/281/Rev.1, ch. X, II），並將之落實於政治、經濟、公民，以及社會和教育等領域內女性權利的提昇（Ibid, ch. X, II）。

第三節　女權保障的法典化運動

如前所述，整個一九五〇和一九六〇年代，聯合國對於促進女性權益首要方向的思考，在於如何規範兩性的平等，其落實的方法為法律層次平等權利的賦予。婦女地位委員會在其第一次會議上便指出，其急迫的問題在於「…要求各國為了公平對待其公民進行法制化的工作，…為保障女性完整的平等權利，各國應在政治、經濟、公民及社會的面向上制定法的規範」（E/281/Rev.1, ch. XI）。

因此，訴諸於《聯合國憲章》及《世界人權宣言》[9]中所標示出的男女平等做為基礎，婦女地位委員會所關心的議題，以政治權利、經濟權利及公民權利三個範疇為主要的考量，期望透過在傳統公領域中賦予女性與男性同等權利的方式，來達到提昇女性權利地位的目標，以下就這三個部分加

以簡述並評論之。

一、政治權利──參政權

　　雖說兩次世界大戰之後一些國家開始陸續賦予女性投票
權，但是普遍而言仍不夠廣泛且具有諸多限制。根據聯合國
在一九五〇年所做的調查顯示，聯合國七十四個會員國中，
有五十二個國家的女性被認為擁有平等的政治權利，剩下的
二十二個國家中，有些雖然賦予女性政治權利，但在資格及
選舉層級有性別上不平等的規定，甚或完全沒有賦予女性這
些權利[10]（E/CN.6/131, part. 1）。因此，承繼著投票權運動的
力量與風潮，女性政治權利的保障即成為婦女地位委員會正
式運作後的首要課題，也是早期最重要的成就。

　　早在一九四九年時，即有代表提出應訂定一國際公約保
障女性的政治權利，雖然一度被質疑政治權利的賦予乃是一
國內部的事務，但當美方代表改變態度對此表示支持後，婦
女地位委員會立刻迅速通過此一提案[11]，大會並於一九五二
年通過了《婦女政治權利公約》（Convention on the Political
Rights of Women），於兩年後生效。

　　在此公約中，女性政治權利的內涵包括了選舉、被選舉
和任公職的權利，並規範在行使這些權利的條件上，不得有

性別上的差異（第一條至第三條）。該公約的通過，可以說
是十九世紀以降對參政權最大幅度的認可，婦女參政的正當
性獲得了國際公約的背書。該公約的通過並不表示女性政治
權利的討論暫時告一段落，由此而延伸出關於經濟、社會、
教育等因素對於女性行使其政治權利的討論，婦女地位委員
會年復一年就該公約的批准及各國立法的情形進行檢討，一
直到一九六八年，才認為此方面的保障已獲得相當的成果，
各國不用每年就此提出報告（Report of the CSW, 1968: 10）。

　　然而，鼓勵女性參與公共事務並不表示傳統上家庭的責
任不再被認為是女性生活的重心，實際上，婦女地位委員會
曾不止一次表示：

> 女性參與公共生活的概念並不是要對抗其促進家庭
> 良善生活的責任；相反地，乃是對於國家這個大家
> 庭責任的延伸，這需要男女兩性意見的結合。
> （1959: 4）
> 要幫助婦女理解到其（政治上的）權利和義務，然
> 而也不能忘記她們有雙重重要角色──好母親及好
> 公民──需要扮演。（1969: 9）

因此，透過法律的規範將女性放到公領域的論述，並未

相對減輕女性在私領域中的責任，背後還隱含了這個責任有
一個「公共利益」的存在。公領域現在賦予女性的不只是進
入和參與的權利，同時也期待女性是以良好「公民」的角色
進入所謂的公領域中，但又再次認定了傳統上要求女性肇因
於生育能力所必須擔負的「責任」。同時，因為「一國在人
權及女性政治權利的進步和其獨立之間密切相關」（1966:
47），且「婦女在所有形式的政治活動中更多的參與，對於
一般社會的進步具有關鍵性（地位）」（1970: 6），女性政治
權利的賦予也成為彰顯一國「進步」和「獨立」的指標，並
在某種程度上成為一種酬庸與期待：

> 女性在（地方、國家和國際）各個層次的影響力，
> 及其形塑國家和國際政策的貢獻是達成永久和平的
> 重要因素。（1962: 4）
> 透過（非政府組織大力鼓吹女性政治權利的）各種
> 國際活動，對於聯合國和世界和平做出有用的貢
> 獻。（1962: 4）

因此，一方面期待女性加入公領域進而貢獻於世界和
平，另一方面當有代表想要將世界和平的事務和女性政治權
利的討論掛勾時，卻因為牽涉到裁軍、削減武器等傳統安全

事務，結果又被認為「已在聯合國其他合適的政治及安全機構中加以處理」，因此不是此時婦女地位委員會所應關心的議題（1956: 4）。

二、經濟權利——從「同工同酬」過渡到整體經濟發展

　　經濟權利方面，最為重要的，即一九五一年國際勞工組織所起草通過的《男女工人同工同酬公約》（Equal Remuneration Convention），其中規定：「『報酬』一語指普通的、基本的或最低限度的工資或薪金，以及任何其他因工人的工作而由雇主直接或間接地以現金或實物支付給工人的酬金」，同時「『男女工人同工同酬』一語指報酬率的訂定，不得有（生理）性別上的歧視」（第一條）。這是首度在國際公約中規範了婦女的經濟權利，然而對於支付報酬的「工作」範圍與定義，以及此一原則是否真的保障了女性的經濟權利，則是十分模糊且可疑的。

　　首先，所謂的「同工同酬」（equal pay for equal work）原則，目的在於為男女創造平等的工作條件，要「破除因為男性擔負家中經濟責任，故應給付較高工資的迷思」，並宣稱「同工同酬在經濟領域對於女性地位的重要性，就如同在政治領域中賦予女性投票權一般的重要，且女性的同工低酬

的現象，有危於其工作安全的保障」（Report of the CSW,
1954: 9），進而彰顯對於女性工作價值的認同與社會地位和
個人尊嚴的重要性（1956: 7）。然而，因為社會上女性經常
集中在某些特定的行業，如教學、護理和秘書工作等，因此
同工同酬不見得能夠真正改善在經濟生產活動中，女性獲得
實質報酬較低的弊病，為此，其後又提出「同值工作同酬」
（equal remuneration for work of equal value）的概念。所謂的
「同值工作」即是「在客觀衡量和評估的基礎上，可被決定
和可比較的相似本質的工作」（Ibid: 7），如此一來，工資的
決定，在於客觀評價各類工作條件。不過，此一原則要到一
九六六年的《經濟、社會、文化權利國際公約》（International
Covenant on Economic, Social and Cultural Rights）時才在文字
規範上加以落實[12]。

其次，婦女地位委員會在討論為何女性應享有同等的工
作報償時，雖然強調同工同酬對於婦女工作尊嚴的重要性，
但同時也再三表示「同工同酬是得以維持與增進購買力的主
要因素，最終並能刺激國家的經濟發展」（1954: 9; 1956:
7），而鑒於「女性勞動力的成長，女性在國家經濟中逐漸扮
演重要的角色。同等的薪資意味著社群中購買力的增加」
（1959: 10）。在刺激經濟發展與納入女性勞動力的目的下，

「同工同酬」或「同值工作同酬」原則的建立，所反映出來的不僅僅是性別平等權利的考量，同時也和經濟發展需要的誘因之間有不小的關係。

最後，公約並未對「工作」的內涵加以定義。此時家務計酬的觀念還未成為主流運動者的思考重心，因此所談的報酬仍是在傳統意義下的工作所得。無論是「同工同酬」還是「同值工作同酬」，反映的都是在傳統公領域中進行調整，以期符合兩性平等的原則。

從一九六○年代開始，「發展」成為國際政治議程上的新興議題，一九六○年代也成為「聯合國第一個發展十年」，故從一九六八年開始，婦女地位委員會也將討論的焦點轉移到女性在經濟整體發展中的面向，開始注意到除了法律規範之外，造成女性在社會中附屬地位的其他因素，認知到「女性地位的提昇不能與一國整體社會經濟進步分離，…不應外求而有賴於政府本身在國家內部對於社會經濟進展的改弦更張」（1968: 34），並進一步強調在經濟發展過程中必須重視女性的力量；但其論述的方式仍舊是訴諸一個「公共利益」的需要，主張因為女性將得以發揮的貢獻而應納入女性到經濟發展的議程之中：

> 在許多國家中，女性的能力與才智並未完全地加以
> 利用，…因此有需要將（幫助）女性（的）計畫整
> 合進國家發展的架構中，並瞭解更佳的方法和技
> 術，以促使此種整合能夠達成。（1968: 35）

對於女性權益的思考，從法律的面向轉移到整體社會經濟結構的面向，不可不謂是一大進步。然而納入女性到整體經濟發展的計畫，雖然拓展了女性在傳統公領域中參與的範圍，卻未脫離作為更高的社會利益滿足的工具，也未賦予女性在設定這些更高社會利益時任何位置。

三、公民權利──國籍、教育與婚姻規範

公民權利的範圍十分廣泛，本章將不屬於政治及經濟權利以外的規範都放在此一類屬下，主要的成就在於國籍、教育和婚姻規範三方面。這些權利的探討雖然都以男女平權為宣稱，但我們都可以看到這些權利的範圍，因為只涉及所謂的公領域，而預設了公私領域的區隔，故常帶有某種看似先驗的社會利益的期待與需要。

（一）國籍的保障

和政治權利的辯論一樣，當聯合國在《世界人權宣言》

還處於草擬的階段，以及日後婦女地位委員會在討論已婚婦女國籍公約的制定時，是否侵犯國家內部立法權的爭論再次被提出（Report of the CSW, 1953: 3-4, 1954: 6; Gelay, 1995b: 19; Alfredsson & Eide, 1999: 303-11）。然而最後還是在美國的主導下，於一九五七年通過了《已婚婦女國籍公約》（Convention on the Nationality of Married Women），並於翌年生效。

從「已婚婦女國籍保障」一詞本身即可看出，只有女性會因為婚姻關係影響其國籍，而公約中規定「…本國人與外國人結婚者，不因婚姻關係之成立或消滅，或婚姻關係存續中夫之國籍變更，而當然影響妻之國籍」（第一條），同時「…外國人為本國人妻者，得依特殊優待之歸化手續，聲請取得其夫之國籍；前項國籍之授予，得因維護國家安全或公眾政策加以限制」（第三條第一項）。從這些規範的文字也可以看出，在跨國婚姻中，只有女性的國籍會產生變動的情形，公約對於婦女國籍的保障是立基於各地實踐中，本來就多以「男性是婚姻關係的主體，不因跨國的婚姻關係而當然產生國籍變更的問題」，而不是對既有婚姻結構採取反省的態度。

（二）教育機會的平等

　　至於教育，則是改善社會中性別不平等現象的長久大計，也影響了婦女政治權利的行使和經濟機會的利用，因此是婦女地位委員會所關注的重要課題。但由於仍然有很多國家的國民並未擁有廣泛受教育的機會，更別提性別上的教育機會平等，因此教育問題的主導單位乃是國際教科文組織，一九五八年所通過的《教育差別禁止公約》（Convention on Eliminating Discrimination in Education）也可以說是此方面最重要的規範。由於此公約主要由國際教科文組織所主導，因此並未冠以「女性」之名，其保障的對象也不僅止於女性。

　　雖然在教育權利保障上，性別平等的理念不斷地在婦女地位委員會的討論中出現，但我們仍然可以看到一個高於女性主體先驗的「利益」的存在：

　　　教育的關鍵重要性，在於讓女性準備好履行其在社
　　　會中的責任，同時，…一國進步與否可透過其女性
　　　公民接受教育的程度做爲衡量的標準。　（Report of
　　　the CSW, 1954: 15）
　　　強調…接受過高等教育的婦女，能夠對社群生活有
　　　所貢獻的重要性，同時，也強調受過高等教育的婦

女，對於做爲一個公民和家庭成員的重要性。
（1958: 6）

教育…是提醒婦女理解其權利、義務，及鼓勵其扮
演更爲積極角色的最重要因素。（1970: 6）

在政治權利爲核心的一九五〇和一九六〇年代，女性接
受教育的目的，便和如何培養良好公民與同時肩負家庭的責
任相連結。到了一九六〇年代末期開始強調整體社會經濟發
展的重要性後，如何更有效地訓練及利用可供國家社會發展
所需要的勞動力，成爲每個追求發展的國家必須面對的重要
課題；教育的普及不但和經濟發展之間的關係日益密切，同
時也成爲各國在國際社會中文明發展程度一個重要評分。在
這樣的趨勢下，發展全民教育成爲許多國家重要的目標，其
結果之一，即是使女性受教育的正當性獲得國家利益需求的
背書。換句話說，爲了國家經濟發展的需要，必須開發各種
潛在的勞動力，而普及教育成爲提高與拓展勞動力的重要方
式，並使得女性受教育權利的保障能爲國家社會帶來的「公
益」的論述獲得進一步的強化：

教科文組織的代表指出，給予女性享有接受技職教
育的權利，是促使女性完全參與經濟生活最重要的

因素，也可提昇人力資源至最充分的利用。…女性
低度地接受此類教育，則反過來影響她們在該國中
未來好些年經濟及社會生活中角色的扮演。（1968:
44）

女性對於經濟發展的參與，特別是在發展中國家的
農村地區，是一個仍有待達成的目標，此唯有透過
中間階層女性接受技職教育（才有可能達成）。
（1970: 6）

（三）婚姻規範

　　婦女地位委員會就女性在國內法規範中的地位進行研究
和討論，範圍包括婚姻、財產權、繼承權、稅法和傳統習俗
……等，然而只有在婚姻規範方面，獲得初步的成果。一九
六二年通過的《婚姻同意、最低婚齡及婚姻登記公約》
（Convention on Consent to Marriage, Minimum Age for
Marriage and Registration of Marriages），明白規定婚姻必須以
雙方自由意志的同意為基礎，同時也規範了最低婚齡。雖然
因為各國風俗、傳統、地域、氣候等諸多限制，並未能定出
一個統一的年紀，但此公約要求各國應於法律中定出該國所
適用的最低婚齡（第二條）。

　　此公約的目的，在於消除未成年的婚姻及婚約，以及利用婚姻形式的人口販賣及奴役的情形。但是對於進入婚姻關係中後所可能產生的問題，卻並沒有在國際議程的討論上，甚至也不在國內的政治議程上。此種被歸屬於傳統私領域中的事項，此時並不在聯合國「女性議題」的範疇中。

　　從這一系絡的發展來看，聯合國作為第一個國際間政府組織，也在其組織架構上標誌出以「女性」事務為專職的部會，雖然將女性加入原來以男性為主的公領域，但是它所使用的論述方式，卻不脫酬庸性質的獎勵，或是以繼續奉獻為誘因交互使用，以做為女性議題獲得國際建制正式地位正當性的基礎，這一點和各國內部賦予女性投票權的模式相仿，即女人進入政治領域是為了一個更大的公共利益。其後整個一九五〇、六〇年代，聯合國在女性議題上專注於政治權利、經濟權利及公民權利的立法與討論，這其中有具備以下幾項特點：第一，雖然這些權利被冠以「女性」為名，但同樣地，論述的方式仍是訴諸於一個更大的社會利益與誘因，這些利益和誘因不一定是促成這些女權保障公約通過的唯一或是最重要的因素，但反映了主流社會賦予女性在既存建制中發聲地位某種論述方式（或策略）；第二，這些議題的焦點常常反映的是西方中上階層女性的利益，訴諸的原則為平

等權利途徑（equal rights approach），其評價的標準卻是以男性既有的權利做爲參照，將原來公領域中專屬於男性公民的一些權利擴及到女性身上；第三，上述的相關討論常常糾纏於女權與人權概念之間關係爲何的問題，即便是贊成女性議題應該與人權議題分開處理的主張，卻沒有思索這個「人」權，是否有從不同的性別角度同時審視，也承認女權做爲人權的一部分，這和自由主義式論述下男女具有相同理性與能力的思考一致。

　　此外，主導女性議題的婦女地位委員會的「獨立地位」雖告確立，但無論在組織結構上，還是參與討論的範圍，女性議題的性質仍舊被認知在歸屬於社會性的議題之下，除了《婦女政治權利公約》之外，討論的範圍不出社會經濟議題的範疇，而政治權利的賦予又是承繼著投票權運動而來，所做的規範也只是一些最基礎的規範，一旦涉及到傳統的軍事安全的範疇時，則立刻以「已有專門機構負責」，因而不隸屬於女性議題的範疇爲理由加以拒絕。同時，這些以女性權利爲名的國際公約共同的特色即是都十分簡短，通常涉及實質權利規範的條款只有簡單三或四條[13]，其餘皆爲程序性的規範。因此，雖然聯合國將女性議題納入了其議程中，但是在這個階段，各種獲得討論的議題，其性質與重要性在傳統

國際政治議程的邊緣位置，並無涉主流國際關係的世界觀，
也無意且無力對國際政治的範疇進行根本的挑戰。

註釋

1 一直到最近，當我們在談到「性別議題」時總被輕易等同於「女性議題」。在相當長的時間中，這兩者並未被明確的區分。實際上「女性議題」只是「性別議題」中的一個面向，所相同的在於兩者都重視「性別」因素的影響力。在此，本文特別是指稱「性別議題」中攸關女性的面向。

2 各國婦女獲得參政權的時間，可參見 "Women's Suffrage: A World Chronology of the recognition of Women's Rights to Vote and to Stand for Election"，〈http://www.ipu.org/wmn-e/suffrage.htm〉。必須注意的是，女性參政權的賦予並不一定是如同今日我們所看到主要以年齡爲適格與否爲條件，許多國家女性參政權的賦予常常是階段性的，亦即伴隨階級地位、種族、收入、婚姻狀況和教育程度等其他限制的逐次拔除，因此女性普遍參政權的獲得並非是一次性的給予，因此現在所看到關於女性獲得參政權的時間，常常是以第一次賦予的時間爲準，亦即當時可能還包含了其他限制（Arneil, 1999: ch6, note 18）。

3 一九二六年後改名爲「國際婦女聯盟」（International Alliance of Women），戰後繼續和聯合國維持溝通聯絡管道，並影響戰後聯合國對於女性議題內容的討論。

4 例如，以社會主義爲取向，成員包括了許多東歐社會主義國家及一些社會主義團體的婦女國際民主聯邦（Women's International Democratic Federation），受到東西冷戰的影響，從一九五四年到一九六七年屢次申請成爲經社理事會的諮詢單位而年年被拒於門外。參見Stienstra（1994: 87）。

5 憲章中有關兩性平等的條款有六，分別是在規範聯合國成立目的的序言，和第一條第三款、第八條、第十三條第一款第三項、第五十五條第三項，及第七十六條第三項。其中，後三項條款皆複製第十三條中「不分種族、性別、語言或宗教」的文字。

6 其職等區分大致爲：從P-1到P-5爲低階的專業人員（Professional Levels）；中級主管則包括D-1及D-2；再上爲Assistant Secretary-General（簡稱ASG），其上即爲Undersecretary-General。參見Nicol和Croke（1978: 155-6）; Timothy（1995: note 17）。

7 其後聯合國曾數度對其體系內部機構中男女比例不平等的問題做出調查、檢討與呼籲，尤其是針對秘書處的部分，如ST/AI/382（3 Mar. 1993）, A/49/587（18 Oct. 1994）, A/RES/49/167（23 Dec. 1994）, A/55（26 Sept. 2000）等。

8 對於西方所謂的「普世人權」的概念，彼德森（Peterson, 1991）指出其實是西方的、自由主義式的、個人主義式的「人權」，並沒有從女性的經驗出發。

9 《世界人權宣言》所欲保障的對象是「全人類」，因此性別不是其最
　為關切的主題，同時也不具有拘束力，但它的確成為其後所通過諸
　多以女性權利為名的條約所直接訴求的基礎文件，因此將其列入與
　女性權利保障相關的文件。

10 有四個國家雖然給予女性投票權，但女性必須具有一些其他特定資
　格，而男性不需要。這些資格包括教育程度和財產的數額；五個國
　家則規範女性的投票權僅止於地方層級的選舉，同時也有其他的資
　格限制；剩下的十三個國家的女性則完全不被允許投票或擔任公
　職。因此所謂的「女性首次獲得選舉權」，所意味的不見的是在法
　律規範上男女兩性毫無差別，而是常常伴隨著其他資格或是種族／
　族群的限制，參見 Arneil（1999: 253）。

11 美方的立場一開始是反對的，並認為政治權利的保障應由人權委員
　會為之，而後則聲稱因為人權公約的遲延而轉為支持。真正導致美
　方改變態度的原因並不清楚，但其他也聲稱此一公約的訂立有干涉
　一國內政自由的國家，尚有蘇聯及波蘭等，因此有學者認為這和冷
　戰時間東西方意識形態的對立有關。參見 Gelay（1995b: 16）。

12 該公約第七條第一項第一款規定：「公平的工資和同值工作同酬而
　沒有任何歧視，特別是保證婦女享受不差於男子所享受的工作條
　件，並享受同工同酬」。一九七六年此一公約正式生效。

13 《婦女政治權利公約》全部條文十一條，其中實質規範有三條；

《男女工人同工同酬公約》全部條文十四條，實質規範三條；《已婚婦女國籍公約》全部條文十二條，實質規範三條；《婚姻同意、最低婚齡及婚姻登記公約》全部條文十條，實質規範三條。

第三章

「女性議題」的多元化發展：
經濟發展與國際和平

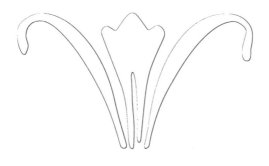

聯合國主導的女性議題在一九七○和八○年代，無論是在議題的內涵還是範圍，都發生了大幅度超越性的發展，並揭露出其和國際政經情勢之間深刻的關係。第三世界國家在聯合國內數量上的快速成長，並逐漸發展出其獨立性，加上一九七三年石油「危機」的爆發，帶給第三世界國家改革國際經濟結構的信心，這也使得整個一九七○年代的聯合國成為南北對抗的角力場，從而衍生出來的經濟及種族議題也衝擊了女性議題的辯論。

這二十年間主導聯合國女性議題討論的場域，也首次從聯合國體系內部向外發展。世界婦女大會及婦女十年活動的陸續舉辦，使得女性議題的討論吸引了世界各國政府對此挹注程度不等的關注。但這並不意味著聯合國完全摒除了從立法層面進行對女性權利保障的嘗試，但無論是話題性與頻率，都遠遠不如前二十五年的發展[1]。本章以三屆世界婦女大會的發展作為討論的重點，透過這些國際性會議的召開，聯合國在促進女性地位提昇的目標，也第一次和世界經濟發展的問題連接起來，並開始強調國際合作和世界和平在促進國家和區域經濟發展上的重要性，進而期望有助於改善女性在政治、經濟、文化各方面所遭遇的不平等問題。因此，「社會經濟發展」和「國際合作與和平」的面向在此時正式

納入女性議題的討論範疇中。這兩個主題的討論,一方面擴
大並反省女性議題的內涵與範疇,焦點從過去國家在法律權
利的規範,擴大到國際政經結構的層面;另一方面,女性與
國際政治間的關係在發展及和平的子題下,也開始獲得反省
的機會。過去在國家安全、國家利益的旗幟下,衝突與侵略
常因此獲得正當性的背書,但這些政策所造成的性別效果卻
很少被國際社會重視,在世界婦女大會中,這些現象卻因為
對於巴勒斯坦等「政治議題」的爭議而得到反思的機會。

第一節　國際環境的變化

一、第三世界力量的崛起

戰後除了以美蘇為主軸的兩極化軍事對抗之外,亞、非
等前殖民地區各自在一九五○及六○年代開展了大規模的去
殖民化(decolonization)運動,此股獨立建國風潮在一九六
○年代達到了高峰。這些新興獨立國家被統稱為「第三世界
國家」[2],它們在經濟上多屬於所謂的開發中國家,並在政治
與發展政策上和東西兩陣營保持相當的距離而自成一股勢
力。這些以亞、非、拉美地區新興獨立國家為主體的勢力,
自一九五○年代中期開始,逐漸在聯合國內形成一股相當具

有決定性的力量。一九五五年於萬隆會議所誕生的「不結盟國家」（Non-Aligned Countries），標榜政治上和冷戰的東西陣營保持距離而期待走出一條自主的道路，一九六四年成型的「七七集團」[3]（G-77），更以聯合國內開發中國家的利益代表者自居。到了一九六五年時，第三世界國家已占聯合國會員國總數的70%，到了一九八〇年代中期，一百五十九個會員國中有一百二十一國為第三世界國家（76%），西方工業國家則只有二十五國（16%）（洪丁福，1996：296），因此成為聯合國內不可小覷的力量。

對於這些第三世界國家而言，從一九六〇年代開始即發現在西方自由經濟的遊戲規則主導下，第三世界國家不但沒有如西方現代化理論所預期地走上工業化、現代化的道路，反而淪為國際經濟結構下的邊緣地帶，日益嚴重的發展不平衡問題困擾著廣大且異質的第三世界國家。受剝削、依賴、低度發展，成為這些國家所亟欲擺脫的處境。

聯合國作為一個國際活動的場域，提供給第三世界國家發聲並向兩大強權施壓的重要場域，它們雖然無法在安理會中發揮其力量，但在大會、經社理事會等數人頭的機構中，卻能從東西陣營軍事二元對抗的思考下，拉出了一條南北議題的軸線，同時也透過聯合國嘗試獲得一些資源與援助

（Arnold, 1994: 16）。透過對大會決議案的研究可以發現，從一九六○年開始，與經濟有關的決議件數開始逐年上升，到一九八五年時，已和裁軍暨安全議題、人道暨社會議題併列為大會中討論最多的提案（Marin-Bosch, 1987）；此外，從六○到九○年代，聯合國定出一個又一個「發展十年」的活動，反映出第三世界國家一般所面臨的經濟發展問題，在聯合國中逐漸成為一個主流的討論軸線。

二、「國際經濟新秩序」主張的浮現

　　第三世界國家第一次展現實力的機會在一九七三年。阿拉伯國家因為不滿第三次中東戰爭中，西方國家對於以色列的支援，以及美國長期對石油價格的壟斷與抑制，從而發動了聯合減產行動，這也是有名的石油「危機」（這當然主要是從西方的觀點而言）。此一危機一方面正式拉開了南北對抗的序幕，此後將近十年的時間，全球經濟問題成為國際議程的常客；另一方面，第三世界國家藉此學習到，彼此的團結將有可能迫使西方工業化強國，尤其是美國，正視發展中國家所面對的經濟剝削的處境，他們因此進一步嘗試藉由設定「國際經濟新秩序」[4]（New International Economic Order, NIEO），以改善第三世界國家經濟落後及和工業化國家之間

發展距離的問題，期待藉此一訴求來改革西方主導的國際經濟結構，以改善發展中國家所面臨的在世界體系中日益邊緣化的窘境（Mortimer, 1984; Arnold, 1994: 139-49），而雙方角力的主要戰場，則是在聯合國的大會中。

「國際經濟新秩序」期望能「根據公平、主權、互賴、共同利益和國家間的共同合作，而不論國家的經濟和社會體制，…（目的在）矯正不平等並匡正既存的不正義，儘可能縮減已發展和發展中國家之間日益擴大的鴻溝，並保證現今及未來世代得以在和平及正義的條件下，穩定地加速其經濟及社會的發展」（Anrold, 1994: 151）。此一主張，並非只是理想而空洞的口號，除了透過聯合國大會中通過具有份量但沒有實質拘束力的決議案外，第三世界集團更渴望的，是要在諸如國際貿易條件的改善、開發援助計畫、原料、科技技術的轉移、國際金融體系（包括世界銀行及國際貨幣基金）等涉及實質資源分配權力的建制上，進行實際的改革（Mortimer, 1984: 68; 洪丁福，1996：309-16）。

然而，美國一開始卻緊咬著能源議題，而不願就引發能源危機背後的國際經濟結構問題進行協商，面對這種忽略的態度，第三世界集團繼而決定在聯合國大會中繼續向美國施壓，它們在幾個和美國爭議不下的議題上，合作對抗美國，

包括對南非的種族隔離政策（apartheid）加以譴責，並進一
步投票否決了南非代表的資格，繼而首次允許巴勒斯坦解放
組織（Palestein Liberation Organization, PLO）在大會中陳
詞，同時於一九七四年聯合國第二十九會期上通過了《國家
經濟權利與義務憲章》（Charter of Economic Rights and Duties
of States, CERD），指陳國家間經濟關係的基本原則，以作為
國際經濟新秩序建立的基礎。南非譴責案、巴解組織合法性
地位的賦予及《國家經濟權利與義務憲章》的通過，也就成
為第三世界國家對抗美國政治、經濟霸權的三項代表性議題
（Mortimer, 1984: 57-9）。

第二節　聯合國婦女十年活動的展開

聯合國婦女十年（一九七六～一九八五）的活動，影響了
一九七○和八○年代聯合國女性議題的內涵與設定的活動，其
中，三屆的世界婦女大會可說是女性議題進行討論的主要場
域。然而此種世界會議在國際政治上所代表的意義為何？作為
一個國際對話的場域，又代表何種意義？世界婦女大會是如何
成形並成為一系列的活動？它的參與和性別組成又有什麼特殊
之處？這些問題將會牽涉到這些會議一開始被賦予何種期待，
以及對於會議召開後的各種現象的討論與評價。

一、世界會議的意涵

　　從一九六一年到一九八五年的二十五年之間，有多達一百四十七個以全球為範疇的國際會議召開。這些會議都是由聯合國發起，但是卻不局限於聯合國體系內部，而是更進一步開放給聯合國會員國、專門組織與周邊組織之外的團體參加，因此除了來自「國家」與一些政府間組織的聲音外，還容納許多非政府組織與個人在聯合國所主導的建制下發聲的可能（Willetts, 1989: 40-1），這類型會議所處理的主題十分廣泛。班奈特（A. Lorey Bennett）將這一類型的會議定義為：「在一特定的時段和開會地點，選擇單一特定主題，由既存或特別創設的機構負責安排、準備，並舉辦的開放給全體國家參與的會議；會議期間通常為兩週或更長，終了時會採行一套原則和行動計畫，並要求透過新創立的或是既存的聯合國或相關機關來加以貫徹」（Taylor, 1989: 8）。在一九七〇年代中期之後，此種會議大量出現的原因，主要是對國際上新興議題回應壓力的出現，或是因為長期舊有的問題產生變化而不得不加以回應；同時，國際上一股「能做」意志（"can-do" mentality）的浮現，加上既存的專門機構常常因為行政惰性或是官僚的保守性而無意或無力解決這些問題；

這些全球性會議的召開因此反映了潛藏結構力量的改變，乃是對於所欲處理問題尋求另類解決之道的機會與努力（Taylor, 1989: 9-14）。

雖然此種會議的結論並沒有約束各國的權威，國家也可對會議最終文件進行反對和保留的動作，但提供各國在聯合國大會之外另一種討論的空間，讓彼此意見得以交換，從而期待跳出聯合國如此一個政治意味濃厚並受不同議題相互牽累的影響，另外設定一個國際性的空間，達到資訊分享、共識凝聚的功能（Tinker & Jaquette, 1987: 420）。

魏列茲（Willetts）指出，此種全球性會議召開的目的可能有以下數種：一、改變國際議程上議題的優先順序；二、加入新的議題；三、對既存議題的本質重新界定；四、給予該議題更多的關注；五、嘗試解決該議題（1989: 42-5）。然而檢視橫跨一九七〇年代中期到八〇年代中期的三屆婦女大會，雖然說一方面對既存的女性議題的範圍與內涵重新詮釋，同時也賦予女性議題在聯合國體制中更多的關注，一些新的機構因而成立[5]，但探究其召開的目的則並非是有任何高瞻遠矚之士設計的結果。而此時期女性議題中無論是新興子題的出現，還是原來議題重要性的增加及內涵的重新詮釋，與其說是世界婦女大會召開的目的，不如說是一些出乎

意料的結果，這可以從第一屆會議從構思到成形的過程一探端倪。

二、世界婦女大會的成形

（一）會議源起

　　第一屆世界婦女大會，全名爲「國際婦女年世界會議」（World Conference of International Women's Year），實際上並不是一個經過詳細計畫並獲得充分準備的產物，而只是爲了因應國際婦女年的活動所臨時起意的結果。

　　一九七二年羅馬尼亞的代表佛洛瑞卡·安德瑞（Florica Andrei），在接受國際女性團體的請求而提出舉辦國際婦女年的提案時，用意只是在確認一九六七年大會所通過的《消除對女性歧視宣言》（Declaration on the Elimination of Discrimination against Women），並用以鼓勵政府與非政府組織對於此一宣言的接受，平等的問題是其關心的焦點（E/CN.6/NGO/244）。其後，經社理事會受到發展中國家對於國際經濟發展議題關切的影響，「增加女性在國家及國際發展的貢獻」成爲此時女性議題的新興主題，於是「發展」也成爲討論主軸（Report of the CSW, 1972: 87-88）；到了一九七四年時，東歐國家極力將國際和平帶入女性議題的討論題

綱中，大會因此加入了要「對抗殖民主義、種族主義、種族歧視並強化國際和平和國家間合作」的命題（UNGA Res. 3276）。至此，國際婦女年的三大主題：平等、發展、和平[6]得到確立，這三大主題也貫穿了日後三屆的世界婦女大會及聯合國婦女十年的活動。

至於世界婦女會議的提議與籌備，則一直要到一九七四年時，才在十分匆促的情形下決議召開[7]，同時，也並不是所有代表皆認為會議有召開的必要。沙烏地阿拉伯的外交官賈米爾・布洛迪（Jamil Baroody）先生即在聯合國大會討論社會、人道及文化事務的第三委員會[8]上抨擊世界婦女會議的召開，他表示：

> 女人有較男人更多的平等，…女人是男人的母親、妻子、姊妹及女兒。男人工作來養活女人，死後其財產還為女人所繼承。（因此，）全世界的女人享有許多文字記載外的特權，…一個如此計畫的國際會議將會崩解並激怒許多歷時良久的體制。（UN, 1975: 18）

布洛迪繼而對出席的女士們「道賀」，表示她們在此小組的出席討論已經是「達陣得分」（Ibid）。在這樣的氣氛之

下，世界婦女大會的籌劃，一開始並不被當成是一個嚴肅的
政治事務；在金錢的支持上，聯合國也只安排三十五萬美金
的預算，相較於一九七四年聯合國舉辦的世界人口會議的三
百萬美金預算，實在是捉襟見肘（Stienstra, 1994: 124）。在
經費拮据的情況下，大會只好決議成立一個基金，由各國樂
捐，作爲償付世界婦女大會召開的會前諮詢會議的花費，這
其中也包括參與成員的旅費（UNGA Res. 3277）。

　　第一屆會議後，聯合國大會宣布一九七六到一九八五爲
「聯合國婦女十年」（UNGA Res. 3520），並承繼著平等、發
展與和平三大主題；同時，婦女發展基金也在第一屆會議的
基礎上開始運作，因此第二和第三屆兩次會議[9]，無論是在
準備工作、經費籌備還是會議定位上，都較第一次會議來得
完善。

　　每一屆會議進行時，就各方代表提案進行討論與表決，
其結果於會後形成一份共同簽署的文件[10]。這份最終文件則
採取共識決的方式，這一方面反映出美國爲了避免在多數決
的制度下，遭到第三世界國家的人數優勢而被迫接受與自己
利益不合的結果，另一方面也假設了，在女性議題的討論上
應該有一種獨特的、超越國界的善意存在（Ashworth, 1982:
134）。但也因爲在共識決的前提下，反而突顯了女性議題中

可能存在的南北差距，產生了許多的爭議與反思的現象。

（二）會議的組成與代表問題

　　每一屆的世界婦女大會可分為正式的官方會議與非正式的非政府組織（Non-Governmental Organization Forum, NGO Forum）論壇兩個部分。前者是由各會員國、國際組織、聯合國周邊機構、政府間組織，以及各民族解放陣線等派遣正式代表參加，會中就未來應付諸執行的行動計畫與各項決議進行討論並議決，但是正因為是由官方代表出席，因此各國政府的政治與政策立場必然對於女性議題有所影響；後者論壇的部分，則是提供給不具有官方身分的個人與非政府組織參加，主要是各國、各區域的女性團體及對於此議題關切的個人與組織自發性的參與，透過論壇的機會，進行國際的交流與聯絡，因此成為許多婦女組織溝通、辯論與交換訊息的重要場域，促使這些個人和團體思考女性議題和女性主義運動在一個國際性場域所表現出來的意義與問題，同時也成為許多婦女組織國際網絡組成的起點（Boulding, 1992: 314-25），非政府組織論壇中的討論結果並不代表國家的立場與態度，但在一些議題上，會試圖影響正式會議對於女性議題範圍及內涵的設定。正式會議與論壇之間有密切的互動關係，參加的人士也不是全然區分的，但是論壇因為不受制國

家官方立場的局限，因此在議題的討論上可以展現更多異議的聲音，同時也更受到關心此一議題人士們的重視。

世界婦女大會被稱為最大規模的「女性意識喚起」的活動，其原因不僅在於參與人數之多與參與國家之廣，最重要的是，無論是正式或非正式會議，超過七成以上的參與者為女性，許多代表團的領隊甚至是該國知名的女性政治人物或是國家政要的妻子、女兒，如當時的菲律賓第一夫人伊美黛（Imelda Marcos）、蘇俄的女太空人（也是世界第一位的女太空人）維倫提娜·妮可雷娃·德瑞絲可娃（Valentina Nikolaeva-Tereshkova）、埃及總理沙達特的夫人、以色列拉賓總理的夫人，到了奈洛比會議時，當時的美國雷根總統的女兒穆倫·雷根（Maureen Reagan）也成為美方代表團中重要的一員。這些女性政治明星、國家政要的妻子和女兒，成為會議注目的焦點。至於參與論壇的人物則更為多樣化，許多著名的女性運動者都參與此一盛會，包括當時知名的西方第二波婦運健將貝蒂·佛利丹（Betty Friedan）及葛洛利亞·史坦能（Gloria Steinem）等。

從表3-1可以看出，每一屆的正式會議的出席代表中，女性都占有相當高的比例，且有逐屆增加的趨勢。這個情形不要說是當時，即使是在現在的國際會議上，都是相當罕見

表3-1 第一到三屆世界婦女大會參與人數及性別比例

	第一屆	第二屆	第三屆
舉辦日期	1975. 6. 19～7. 3	1980. 7. 14～31	1985. 7. 15～16
參與國家數	133	145	157
整體代表團女性比例	73 %	*	81%
女性團長比例	85 %	約90%**	*
聯合國及周邊組織	24	29	34
政府間組織	8	10	17
非政府間組織	114	135	163
民族解放運動***	7	4	4
NGO論壇參與人數	>6,000	>8,000	>14,000

註：由於參與會議代表來源十分複雜，加上開會期間長達二週，且討論的場次多達上百場，因此從目前的資料中無法得到一個統一且精準的數字。據估計，正式會議中參與的人數每屆約莫兩千人上下。

*：關於與會人士的性別方面精確的數據紀錄與分析遍尋不著，也無法就三次會議參與者的性別比例進行比較分析。

**：由於無法找到確實的數據，該數字乃是根據Jane S. Jaqutte（1995: 51）的說法。

***：參與的民族解放運動包括非洲團結組織（OAU）或是阿拉伯國家聯盟、巴勒斯坦解放組織（PLO）、非洲民族議會（ANC）、泛非會議（PAC）、西南非人民組織（SWAPO）、安哥拉人民解放運動（PMLA）等，它們以觀察員的身分參與正式會議。

資料來源：第一屆會議參與的數據與性別比例，參見UN（1975: 645-6）；Galey和Persinger（1995: 33）；第二屆會議，參見UN（1980: 117-20）；UN（1980: 886）；第三屆會議，參見UN（1985: 95-8, 280-3）。

的現象。然而，即使女性占出席代表七成以上，代表性依然
是會議中揮之不去的問題。

　　首先，這些女性來自四面八方，對於何者是女性所面臨
最為急迫的議題，以及造成女性在社會中附屬地位的罪魁禍
首莫衷一是，因此當這些女性聲稱代表了所歸屬的女性群
體，也就是當這些發聲的少數宣稱是為了多數的利益時，便
形成一種代表與被代表者之間的斷裂。巴巴妮克（H.
Papanek）即指出，因為許多體驗援助政策和社區計畫的女性
主要在低度工業化的國家，然而對於這些政策的分析與學術
研究卻多半來自西方工業化國家，或至少在西方國家接受過
訓練。這樣的結果之一，就是得以代表無權力（powerless）
女性發聲的女性，多半來自於一些最富有的國家（1975:
220）。然而，在第三世界的女性據此來質疑西方女性的代表
性的同時，另一種弔詭的現象相應而生，即這些具有自信來
控訴西方女性主義為「帝國主義」的第三世界女性，本身在
其所身處的低度開發的社會中已占據重要職位，她們熟悉西
方的政治語言、理解西方的政策意涵，有能力在既存在的國
際政治架構中使用主流的遊戲規則，如此一來，她們是否真
能反映被代表者的利益也出現問題。

　　其次，也有學者指出，這些代表雖然在性別上歸屬於

「女人」這個範疇，但由於她們都必然由各國的外交系統所指派，因此外交政策和區域合縱連橫的同盟關係仍然是首要的考量。進一步來說，女性代表的出席並不必然表示女性真的得以在會議上「發聲」[11]。造成女性噤聲的原因，不僅只是因為男性在會議投票與發言上的出席與主導，更關鍵也更重要的，是因為議題的討論受到既存的外交政策結構因素所制約，以及有被既存體制的收編之虞。因此，事實上，雖然絕大多數的代表是女性，但是她們彼此間的關係已被其所屬政府對於「帝國主義、殖民主義、新殖民主義、錫安主義、種族主義、種族歧視、種族隔離、霸權主義和外國占領、宰制和壓迫」和「不正義的經濟關係」方面的立場所預先決定了，這些受到既存結構制約的各國女性「代表」，也自然必須遵循著當下聯合國辯論的模式（Ashworth, 1982: 133; Izraeli, 1981）。

這樣的看法不一定反映所有參與者的心聲，然而，這些質疑顯示出，在世界婦女大會這樣一個在既存國際體制之下，同時吸引眾多異質的國家參與的場域中，女性議題的討論開始朝向國際化與多元化，並引發出各種異議聲音所蘊涵的多層意涵。

第三節 國際經濟秩序與「女性議題」

　　一九七○年代開始，第三世界國家在國際舞台上勢力大增，導致南北議題也跟著發燒，影響所及，世界婦女大會也不得不就發展與女性的關係進行討論。女性地位的促進，從對於政治、經濟和公民平等權利的層面，轉移到討論國際政治經濟結構失衡的效果，第三世界女性的處境成為世界婦女大會特別關注的對象，「貧窮」被認定是她們所面對的最大障礙（NFLS: para. 19）。因此，在發展議題上，建立國際經濟新秩序的訴求，不但是改善世界發展失衡的唯一出路，也是此時第三世界國家所提出能解決女性不利處境的特效藥。整合婦女進入發展計畫、關注婦女在社會上的需要與經濟能力，成為在此時各國在擬訂新一波的發展策略時的指導原則，過去在經濟發展政策中缺席的女性，此時正式被納入等待開發的人力資源範疇，也因此，女性在經濟發展中的能動性與傳統的一些非經濟角色都被提到國際的議程上。

一、「發展」意涵的設定

　　從一九六○年代末期以降，聯合國的婦女地位委員即開始關注到整體社會經濟發展和女性地位提昇間的關係，但一

直到世界婦女大會中，女性議題與發展之間的連接才得以進
一步得到確認，其內涵也逐漸豐富起來。配合著一九七〇年
代第二個發展十年的展開，一九七四年聯合國在籌備首屆的
世界婦女大會時，把「發展」納入了會議的主題，並闡述
「發展」的目的乃是：

> 爲了改善已開發國家中的女性對於開發中區域的女
> 性所面對的問題有所理解；以及改善整個社群中男
> 女的生活與工作條件；改善農村生活的品質；並透
> 過合作的、現代的農業方法與科技、職業訓練、家
> 庭中現代化節省勞動力的裝置和現代的育兒方法來
> 改善農村女性的生活條件；消除文盲和保障教育機
> 會的品質；鼓勵女性接受訓練並進入非傳統職業，
> 並爲此目的提供適當的引導和諮詢；提供女性社會
> 服務；發展並延伸母親和兒童的健康和母職保護的
> 健康網絡；改善受刑及受拘禁女性的處境；對抗非
> 法販賣女性的剝削；透過她們在義務工作和在勞動
> 市場與家務中的活動，確認女性此一尚未開發的資
> 源做爲貢獻於國家文化、發展及精神價值的力量。
> （UN, 1974: 648）

　　世界婦女大會對「發展」此一主題的設定，標示著從過去西方自由主義女性主義所關注的法律平等規範，轉向就第三世界中廣大的開發中國家女性，尤其是對處於農村地區等社會經濟弱勢的中下階層女性所面臨處境加以關注。

　　雖然聯合國強調此處的「發展」乃是「包括政治、經濟、社會、文化和其他人類生活的各種面向，同時也包括著經濟及其他物質資源，以及人類個人在生理、道德、智力和文化的成長」的「整體性發展」，但是更強調「此種發展應該整合為建立國際經濟新秩序的全球性計畫中的一部分，並依據公平、主權平等、互賴、共同利益及國家間的合作為基礎」（PA: para. 4; NFLS: para. 12）。在此，「女性議題」已從西方女性主義所強調的要爭取「男女之間權力的重分配」的訴求轉變為第三世界國家所要爭取的「國際資源重分配」（PA: para. 214）。他們主張國際經濟結構失衡、資源分配不均所導致的發展中國家發展遲滯現象，對於處於社會結構中弱勢的女性而言更為不利；進一步來說，既存國際經濟秩序若不是造成此種狀況的原兇或幫兇，便是對於此種不平等發展的改善無能為力。於是國際經濟新秩序的建立，成為女性所面臨的不平等處境的解決之道：

　　由於漫布在國際經濟關係中的不平等發展的結果，

四分之三的人類因此面臨了急迫且顯著的社會及經
濟問題，其中女性受此問題影響更甚於男性。為了
改善女性在發展過程中的處境與角色的新措施必須
即刻進行，且必須做為新經濟秩序建立的全球計畫
整合的一部分。（WPA: para. 8）

平等在此意味著不僅是法律上的平等和法律規範上
歧視的消除，同時也意味著權利的平等、責任和提
供女性參與發展的機會，使女性同時作為發展的受
益者與積極行為者。影響世界上絕大多數婦女的不
平等的議題，和存在於不正義的國際經濟關係下的
低度發展問題密切相關。（PA: para. 3）

某些已開發國家缺乏政治意志來消除障礙。這些障
礙的消除，需要透過實踐由聯合國所採行且目的在
正義和民主的基礎上來重建國際經濟關係的基礎文
件，如《社會進步與發展宣言》、《國家經濟權利
義務公約》、《建立國際經濟新秩序行動宣言與計
畫》，以及《第三個聯合國發展十年國際發展戰
略》，尤其應著重發展中國家女性的觀點出發，對
於造成這些不利的、不平等的女性處境主要原因加
以理解。（NFLS: para. 98）

在此，國際經濟新秩序的建立不但和女性議題掛勾，成為解決女性在社會關係中不平等地位的大方向，同時，原來在法律權利保障意義下的「平等」此時也被吸收到「發展」的面向，世界婦女大會的平等主題，在此獲得新的詮釋——經濟發展的平等。透過建立國際經濟新秩序的訴求，經濟發展平等意味著國際經濟結構應該進行調整，也因此，國際政治經濟議程上第三世界國家經濟低度發展的問題，和女性所遭受到的被邊緣化不利處境加以連接。

對於女性平等地位的追求，首先要在經濟發展過程中考量到女性的權利與利益，讓女性得以透過國家整體發展而得到經濟上的獨立地位；如此一來，問題也就變成要如何將過去發展策略中忽視女性的情形加以改善。既然舊的經濟秩序和經濟發展策略未能考量到女性所受到的衝擊，甚至惡化了在地女性的生活與社會地位，那麼一個可行的解決之道，便是要設法將女性整合進國家整體的發展策略之中，於是，「婦女參與發展」[12]（women in development, WID）的途徑成為此後近三十年時間中，各國與國際在擬定發展策略和援助計畫所遵循的方式（Koczberski, 1998）。

二、「婦女參與發展」的論述與策略

　　從三屆婦女大會的會後文件中可看出，要整合婦女進入國家的經濟發展的方法大致有兩個面向：一是在設計、制定發展政策時，就讓女性參與政策擬定的過程，並在執行層面上納入女性的監管；二則是確認女性做為人力資源的存在而應善加利用，並進一步反省女性在非正式部門及在家庭中勞動的經濟價值，思考女性的生產與再生產能力在國家經濟發展所占據的地位。

（一）公共政策的參與

　　承襲了前二十五年將女性加入到傳統公共領域中的手法，「婦女參與發展」此一命題首先確認了發展所涵蓋的各個面向[13]，尤其是政策的制定過程中，必須納入女性的參與，包括發展政策的制定設計面、決策面和管理層次：

> 女性應參與國家策略及發展計畫的細部規劃。應採取措施以保證所設定的目標與優先步驟完全考量到女性的利益及需要，並應施行適當條款來改善其處境並增加其對發展進程的貢獻。在所有的政策及決策層次，女性應有公平的代表。若尚未存在，則應

建立適當的國家機制和程序。（WPA: para. 31）

承諾移除女性有效參與的障礙，…強化女性做為智
識階層、政策制定者、決策者、計畫者、貢獻者和
受益者的參與。透過意識到女性的有效參與和發展
進程將獲得改善，並使社會朝向進步，此一承諾應
引導政策、計畫和綱領等的成形與貫徹。（NFLS:
para. 107）

除了強調政治決策上女性參與的重要性外，把女性整合
進發展中的實際層面，主要是包括了在教育上要強調兩性平
等，並提供女性數量更多且形式更多樣化的教育機會與內
容，從初級教育、職業教育到專業教育的養成；要訓練女性
使用現代化的機器設施與利用節省勞力和時間的科技產品；
要保障女性就業的權利，並提供公共育兒機構，以減輕女性
育兒的責任；提供健康諮詢與照顧；利用現代化設施節省農
村女性為了飲水和食物所付出的時間；提出合適的生育政策
與人口政策；賦予土地所有權與財產繼承權等等（WPA:
paras. 57-147; PA: paras. 106-211; NFLS: paras. 132-231）。簡
單來說，婦女參與發展的實際步驟，就是要將女性放到關係
國家經濟發展結構的各個面向之中，透過提供女性進入現代

經濟意義下的發展領域，包括授予各種可能的教育機會、學
習過去被保留給男性的知識與技術、提供女性得以免除傳統
育兒責任的機構與節省家務勞動時間的科技與設施，從而使
女性能有更多的機會進入經濟活動之中，如此女性不但能夠
成為發展下消極的受益者，同時更強調女性在經濟發展過程
中積極的能動性。

（二）女性經濟角色的重新評價

　　女性既然要同時做為發展政策的受益者及發展過程中的
能動者，則其在國家發展面向上的必要性就必須加以評估：
女性到底在既存的經濟結構下扮演了什麼樣的角色？她的經
濟潛力何在？需要又何在？可以在經濟發展上扮演什麼樣的
角色？

　　要整合婦女參與發展過程，意味著婦女在經濟發展上具
有必然的重要性，因此，女性做為社會經濟資源的一部分就
應獲得確認，包括女性能夠在經濟發展過程中扮演的角色，
以及對其傳統角色進行新的評價。首先，反省過去發展思維
中將經濟發展狹隘地局限於男性做為經濟行為者的主流意
識，開始意識到女性的社會力量，以及做為國際經濟資源的
一部分和此種資源對於國家發展的重要性：

　　已有數據顯示，世界上超過三分之一的經濟活動人口是由婦女組成，約莫46%處於工作年齡（15～64歲）的女性屬於勞動階層；估計這其中65%的女性在發展中國家，而35%在較為開發的區域。這些數據加上許多未被官方統計納入的女性經濟活動，表明了女性對於國家經濟和發展的貢獻具有實際的重要性，同時尚未獲得確認的情況。…（WPA: para. 89）

　　…歧視促使女性才智不經濟的使用，並浪費了發展和強化和平所必要的有價值的人力資源。最終，若女性的才智因為歧視而低度被利用，社會整體都是輸家。（NFLS: para. 47）

　　其次，女性傳統的生養育角色所帶給女性在現代經濟過程中的局限，以及生殖和社會階級的雙重壓迫所加重給女性在經濟發展上不利的地位，也被提到國際會議的討論中，這方面的討論從第二屆會議開始更形具體化（PA: paras. 13, 15; NFLS: para. 18）。過去傳統上不被認為屬於經濟發展範疇的育兒照顧與家務勞動，以及在非正式部門中低度經濟意義的活動，包括家庭內部的食物生產與銷售、不支薪的義務性勞

動、臨時工與家庭幫庸等,其現代化的經濟意義與價值應得到重新的評價。重新評價的方法有二:第一,透過賦予這些女性在家庭中生養育角色及非正式的經濟活動較高的社會評價,因爲普遍而言,在經濟結構上這些「傳統」角色所造成女性在正式經濟部門中參與機會的不均等,同時在家庭中的勞動也不受重視(WPA: para. 125; NFLS: paras. 14, 45, 59, 120),最明確的標準則是在《前瞻戰略》中標示「家務勞動應與金融貢獻同價」(para. 73);第二,強調家務及育兒的責任是全體家庭成員所共同擔負的,因此男性也應平等地分擔這些責任,一方面求得男女之間在勞動分工上的公平性,另一方面也用以提昇這些勞動的社會評價(PA: paras. 47, 64, 109, 114, 136, 202)。

(三)公平與效率

　　對於女性在國家經濟發展中效能的重新評價,確認了女性做爲國家發展資源的必要性,透過此種促進經濟效率提昇的訴求,將女性納入發展架構中就更具有正當性。如此一來,「婦女參與發展」的思考邏輯可以簡化如下:

　　女性的不平等肇因於國家經濟發展政策中對女性參
　　與和貢獻的忽視──►女性是國家發展所必要的經濟

資源——▶在發展的各個層面納入女性的參與——▶國
家經濟得以全面發展——▶女性的社會及經濟地位提
昇——▶兩性平等目標實現

卡洛琳·穆瑟（Caroline Moser, 1989）指出，此一階段
聯合國所主導的「婦女參與發展」策略，一開始採用的是公
平路線（equitable approach），到了一九八〇年代之後又加入
了效率路線（efficiency approach）的運用。所謂公平路線，
也就是承認女性是發展過程的積極參與者，且其生產及再生
產角色對經濟發展具有至關重要但長期受到忽視的現象，因
而強調要提供女性就業和進入市場的機會並納入發展過程。
公平路線所關注的，主要是性別分工領域中的不平等，女性
地位的不平等不僅僅是存在於男女兩性之間，更嚴重的是存
在於社會經濟條件的差異。因此，女性要公平享有發展所帶
來的利益，就必須順利地被整合進入發展過程之中，此種公
平性不僅反映在決策階層上加入女性，同時也包括在正式的
經濟領域中兩性參與機會的公平。至於效率路線，其目的在
於保證發展是更有效率且更具效果的，所注意的是女性此一
占據社會中50%的人力資源，在發展政策上被浪費或只是被
低度利用的現象，女性參與的問題成為資源管理的問題，如

此一來，效率性的論述強化了公平性的基礎。只是，此種將女性「帶入」既存的經濟發展之中，意味著在原來的發展過程中女性並不存在，只是此時開始認識到她們在發展過程中的重要性與潛力，為了保障該種資源能充分加以利用，因此要將婦女納入既存的發展架構中（Stienstra, 1994: 120; Koczberski, 1998: 396; Steans, 1998: 148）。

然而，無論是社會公平還是經濟效率的追求，「婦女參與發展」並未對朝向現代化／西方化為邏輯的發展政策提出質疑。一方面，假定了提高第三世界婦女的經濟參與，就能自動促進社會公平，如此，效益和公平就可以通過提高婦女在發展中的經濟參與而統一起來。然而，此種「經濟成長將自動加惠於婦女」的邏輯卻也過度簡化了第三世界女性所面對困境原因的複雜性。在不同的文化、經濟條件，以及不同社會中，女性所扮演的雙重甚至是三重的角色要如何和正式經濟活動的參與共存？再加上缺乏操縱國際經濟結構中主要強權的背書，國際經濟結構也並未因應調整，因此貧窮的女性化（feminization of poverty）現象並未因此得到緩和。到了第三屆世界婦女大會時，也開始反省此種簡化的假設，理解到處於不同經濟發展條件下的婦女，所面臨的多重複雜且不一致的障礙（NFLS: paras. 94-101）。

　　另一方面，「婦女參與發展」的目的在於強調遵循平等、公平的原則，目的在制定縮小婦女在生產領域中的劣勢，與結束對女性歧視的發展策略及行動計畫，以保證女性得以更佳地融入經濟體系中。在此種「融入」的觀點下，假設了發展的方向便是朝向西方化的現代社會前進、是現代化進程的一部分，因此發展的本質是好的，問題在於政策制定時沒有將女性包括進去（Rathgeber，仉乃華譯，1990：172-4；仉乃華，1995：215），因此所要檢討的並不是對於西方主導的發展政策在發展中國家適用上水土不服的問題，而是接受了現代化理論的發展模式，將女性在社會經濟結構中所面對的發展問題，化約為參與機會的缺乏與參與面向的不夠廣泛，因此要擴大女性參與發展的層級及廣度，基本上是一種由上而下的動員婦女。

　　至於過去不被承認有經濟價值的女性「天職」，包括育兒及家務勞動等，其經濟價值的再評價雖然在三屆的世界婦女大會中被賦予相當程度的關照，並對這些非經濟領域的勞動所具有的現代經濟意義進行確認。只是，在現代化經濟發展的論述下，家務及孩童的生養教育要如何成為現代經濟意義下具有生產價值的勞動，又要如何讓這些傳統角色的勞動得到和金融貢獻等值的地位，則沒有明確的說明。關於家務

負荷的減輕方面，會議結論主要是以國家作為公共設施的提供者及科技工具的引進者，在國家無法承擔起這樣的角色且國際經濟結構又無法因應調整的情況下，惶論國際，連國內資源的再分配的訴求也難以達成。

第四節　和平、暴力與「女性議題」

　　世界婦女大會所揭示的最後一個主題——和平，促使會議將種族主義、殖民主義、帝國主義、對外侵略等傳統高階政治的議題和女性生活連接，把國際面向的事務和個人生活聯繫起來。第三屆會議更進一步透過對「暴力」[14]的譴責進而重新詮釋國際和平的意義，使得過去單純透過「女性是和平愛好者」的假設來連接女性與國際和平之間的關係更加豐富。而對於細部的和平議題的討論，尤其是南非與巴勒斯坦問題所引起的政治化爭議，更得以進一步反省女性與國際政治之間的關係。

一、國際和平與女性地位促進間的關係

　　一九七四年時聯合國即以設定「和平」做為世界婦女大會的主題，並揭示和平的目標在於：

　　提昇女性團體和其他組織對於和平的努力，並鼓勵
女性對於促進低盪、國際和平與國家間的合作，包
括打擊殖民主義、新殖民主義、外國宰制和外力鎮
壓、種族隔離和種族歧視；實踐人民自決權利的原
則；並散布聯合國憲章及聯合國相關活動和國際法
原則的資訊。…對於種族主義、種族隔離、殖民主
義的受害者加以支援，以及援助武裝衝突下的婦女
與兒童，包括獨立與解放的奮鬥；並鼓勵女性參與
捍衛和平，以促進男女地位的提昇…。（UN 1974:
649）

　　國際和平因此成為此時聯合國女性議題討論的一個面
向。但是在一九八五年《前瞻戰略》之前，世界婦女大會所
論述的女性與國際和平之間，乃是屬於一種比較間接和工具
性的關係。其主要論述方式有二種：一是透過確認國際和平
對於國家整體發展是否順遂具有深刻的影響力，而發展又決
定了女性可否改善其普遍而言不利的處境，國際和平因而成
為討論女性處境改善中不可迴避的問題（如 PA: paras. 5, 32,
46; NFLS: paras. 13, 252）；二是指出女性整體而言都具有愛
好和平的天性，以及長久以來已經，且可以繼續為國際和平

做出貢獻，因此，應讓女性得以更積極、無障礙地參與和國際和平與國際安全相關的機制（如WPA: para. 50; FA: paras. 23, 76; NFLS: paras. 235, 237, 248, 250, 252）。

基本上，這兩個論點並未脫離長期以來聯合國在處理女性議題時的態度，女性和這些傳統上被認知為公共／國際事務連接時，「嘉勉」和「期待」是「賦予」女性在這些公共／國際領域身分的方法，並未挑戰傳統上被認知為公共領域的本質，女性「加入」的目的在於輔助並安撫國際政治中暴戾的氣質。

其次，「女人天生愛好和平」的假設，來自於社會中對於女性被動和柔順的形象認知，更強化了傳統上對於女性作為「生命的給予者」（life-giver），及男性為「生命的剝奪者」（life-taker）的意象，從而女性在戰場上永遠難以得到信任。在戰爭仍然作為保護國家利益的一種對外手段，且和平仍然做為戰爭的反義詞時，女性也因此難以脫離被保護者的角色，在和平的追求與維護上，也難以被賦予積極性的地位（Peterson & Runyan, 1993: 81-2）。

不過，到了《前瞻戰略》中，除了延續上述兩個論點，女性和國際和平的關係進一步透過對「暴力」譴責而連接起來：

應在人權及基本自由的促進上給予立即的優先關
注，而無性別差異；同時應將人權完全適用於自決
和消除殖民主義、新殖民主義、種族隔離、壓迫和
侵略、外國占領，以及家庭暴力（domestic violence）
和對女性的暴力上。（para. 245）
在每個社會，日常生活中對女性的暴力以許多不同
的形式存在。女性被毆打、閹割、焚燒、性虐待和
強暴。此種暴力乃是達成和平和其他「婦女十年」
目標的一個主要障礙，而應賦予特別的關注。…
（para. 258）

因此，從這個角度來看，和平的意涵不應只是國家間的
「非戰爭狀況的持續」，和平的形式也不應只從國家間軍事性
的衝突與否來加以定義。這一點可以說是世界婦女大會關於
國際政治議題上的一大突破。女性主義學者指出，傳統理論
以戰爭的有無來定義和平，只能作為我們理解和平的出發
點，武裝衝突的有無也只是和平問題的表象，其核心議題在
於「暴力」對於人類生活的戕害。然而暴力的形式，除了以
軍事、武力對人類身體直接的侵害外，尚包括結構的暴力，
也就是包括體制、社會及經濟形式的暴力，諸如隱藏在法律

制度規範下的家庭暴力、社會經濟不平等結構導致的賣淫和
隨時存在的性威脅——強暴，這些傳統以來對於女性身體的
操控、剝削與壓迫，也都是對於和平的危害與威脅
（Reardon, 1993; Peterson, 1992c: 45-9）。而對於一切暴力形式
的消除，是達成消極的和平（negative peace）的必要步驟，
至於積極的和平（positive peace）則要在結構的暴力的消除
後，更進一步落實「女權即人權」[15]的理念才能達成
（Reardon, 1993）。

二、世界婦女大會下的國際和平議題

　　世界婦女大會中關於國際和平議題的討論，包括巴勒斯
坦之以色列占領區及南非種族隔離政策對於當地婦孺所造成
的迫害，第二屆會議開始再陸續加入難民問題、武裝衝突、
外國侵略和裁軍的討論。其中，巴勒斯坦問題是會議爭執的
主要來源，並導致《行動計畫》無法獲得全體一致的共識
[16]。然而細究這些爭論，導致爭議的來源在於各國代表就她
／他們所認知的「女性議題」的內涵，進而批評這兩個問題
涉及了「政治性」，而偏離了世界婦女大會所應關注的焦
點。

（一）巴勒斯坦之以色列占領區與種族隔離[17]

　　巴勒斯坦與南非的種族隔離是最為觸動與會者神經的議題，這兩個由印度代表七七集團所提出的議題（尤其是巴勒斯坦問題所引起的爭執），從第一屆會議起，就是正式會議中的政府代表與非政府組織論壇中關心女性議題人士的地雷議題。世界婦女大會確認了以色列在巴勒斯坦地區的占領及南非的種族隔離政策危害了國際和平，並指出這些政策在對於女性個人、家庭、孩童的生活所造成的戕害，其基本的論述如下（PA: paras. 242, 244; NFLS: paras. 259, 260）：

1. 以色列的占領或是南非的種族隔離政策，使當地的婦女及孩童的社會及經濟條件極度惡化，並在政治、經濟、社會各方面的基本人權，尤其是就業、保健和教育等方面遭受歧視性的對待或機會的剝奪。

2. 承認原在地人民獨立建國、免於外力占領與統治的權利，應恢復巴勒斯坦人民及南非的黑人在當地的自治、自決的權利，並呼籲聯合國及其特別機構、各國政府及政府和非政府組織支持其民族解放運動。

3. 確認當地女性在對抗外力鎮壓及民族解放運動中
   的貢獻，並應提供當地婦女及孩童法律、人道和
   政治的援助，包括道德及物質兩個層面。這些援
   助應透過相關的解放運動組織（如巴勒斯坦解放
   組織、西南非人民組織、泛非議會等）中既存或
   有待建立的婦女部門加以實行；同時應訓練和援
   助當地婦女在解放後得以在重新建構的有尊嚴的
   國家各個領域內扮演角色。

這些條文一方面標明了一個訴諸於國家民族利益的政
策，所造成個人基本生存、生活的危害，並點出了婦女及孩
童乃是這些國家政策下最易遭受迫害的弱勢群體。在國家利
益、民族情感的動員下，一國的對外侵略常被賦予正當性而
不去理會這些政策對於無戰鬥力群體的影響；另一方面，即
便在傳統的分工上，女性不是以衝鋒陷陣士兵的姿態出現，
在民族解放運動中，女性常常是和男性一起並肩作戰的，但
是無論是自願或是被迫，這些政策對於所屬人民的影響是全
面的，不會因為生理性別上的差異而得以免除，它們所造成
的性別效果是顯著的，然而長久以來卻不被重視，這些條文
至少正面地表述了女性在民族解放運動中的努力。

　　然而，造成爭議的焦點，並不是對於當地婦女因爲這些政策所遭受的歧視、壓制及迫害的事實有不同的看法（除了以色列外），也不是認爲在這些地區的婦女處境不值得討論，而主要是認爲這兩個議題的討論，偏離了世界婦女大會應有的目標，尤其是巴勒斯坦問題更成爲許多國家表示無法爲會後文件投下贊成票的原因。

　　在南非的種族隔離問題方面，種族隔離政策受到所有與會代表的譴責，然而，在第三屆會議中，因爲對於制裁南非白人政權，及提供南非及納米比亞解放運動援助的呼籲，令許多西方國家紛紛就此點提出保留而在表決時選擇棄權，美國更明白表示反對的態度[18]（UN, 1975: 146-50; 1986: 140-57）。

　　至於巴勒斯坦問題，主要的爭執在於美國、以色列及一些西方國家不能容忍將錫安主義（zionism）[19]等同於種族主義，也反對將其視爲維持國際和平和改善女性處境的障礙。然而，在文件中明白將錫安主義一詞白紙黑字地列爲與種族歧視等危害國際和平與女性處境因素之一的，只有第一屆會後的《墨西哥宣言》[20]及第二屆會議的《行動計畫》。不過，因爲《行動計畫》和《前瞻戰略》都一致將《墨西哥宣言》當作世界婦女大會的成就，因此三屆的世界婦女大會都籠罩

在錫安主義爭辯的陰影之下。到了第三屆會議討論《前瞻戰略》時，大會主辦國肯亞鑒於前兩屆會議的教訓，因此極力斡旋，將「種族主義、錫安主義」一詞，替換成「種族主義及種族歧視的其他形式」(the other forms of racism and racial discrimination)，才得到了包括美國等西方國家及阿拉伯國家共二十三國的一致同意[21]（UN, 1986: 133-4）。但是包括美國在內的許多國家，最後或者是以政治性議題不適合於「婦女」大會、或者是觀點不夠平衡為由，還是反對了《前瞻戰略》中的相關段落[22]。

不過，和巴勒斯坦問題不同的是，各國至少在口頭上都一致譴責種族隔離政策，然而，兩個議題卻都因為其「政治性」色彩濃厚而遭到激烈的爭辯，甚至可以說是世界婦女大會中唯一幾個受到各國所共同關切的焦點，也促成與會者在共識達成的前提下，少數幾個被要求記名表決的條款。從會議紀錄來看，種族隔離的反對意見主要在強調制裁或是對待南非白人政權的手段是否妥當，以及援助的管道是否恰當（UN, 1986: 146-57）。至於巴勒斯坦問題的爭議，一則在於此一議題本身在世界婦女大會中討論的妥適性（UN, 1975: 27; 1980: 151-3, 171-2, 195-6; 1986: 146-57），二則在於各（西方）國家對於將錫安主義與破壞國際和平與戕害人權的各種「主

義」並列的焦慮，這個焦慮透過對於該議題討論場合的妥適性的懷疑來嘗試加以隱藏、掩飾。焦慮的來源在於，對於以色列而言的建國、復國運動，居然成為阿拉伯國家控訴的罪行，而尷尬的是這個建國、復國運動又有一個國際政治經濟強權（美國）在背後撐腰。因此將巴勒斯坦議題放到一個不被認為有「政治」威脅性的會議議程上，挑戰了以西方／美國主導的國際政治／正義體系，這樣的議題本身即具有強烈的傳統國際政治議題的色彩，無論是提案者、附議者，還是反對者，其理由都有十足的政治性。

從這些議題導致世界婦女大會陷入僵局的事實來看，當女性議題的範圍被嘗試延伸到傳統國際政治的領域時（不論是否從政治目的出發），只要有礙於主要勢力者的道德價值與政治利益時，女性議題的新觸角就會被逼回傳統主流思維所認可的範疇中。

（二）難民、武裝衝突與裁軍

從第二屆會議開始，難民、流離失所（displaced）的女性成為上述兩個議題之外，世界婦女大會中關於國際和平的新議題；至於武裝衝突對婦女的影響，雖然一九七四年聯合國即已通過《在非常狀態和武裝衝突中保護婦女及兒童宣言》（Declaration on the Protection of Women and Children in

Emergency and Armed Conflict），但其和裁軍問題都要到一九八五年的會議，才被納入與女性相關的國際和平議題。

　　國際難民問題由來以久，出席第二屆世界婦女大會的聯合國難民事務高級專員辦事處（UNHCR）的代表指出，難民不僅僅是那些做爲第一線庇護國所要面對的問題，而且是一個嚴肅的國際問題，整個國際社群都負有相關的責任；而難民的組成中，又以婦孺占極大比例，她／他們又因爲居於生理與社會雙重的性別意義上的弱勢位置，而十分容易遭受到性攻擊及性剝削，此種處境「致使婦女難以扮演她們做爲家庭的維繫者、教導孩童文化價値的傳遞者和家庭健康的照料者的角色」（UN, 1980: 169-70）。難民問題的處理，在《行動計畫》中主要著重在人道的援助及居所的安置（PA: paras. 245, 248），也就是著重紓困援助及對於其人身安全的保護上；到了《前瞻戰略》中，則更進一步強調要消除造成難民形成的根源問題，並保障他們安全地返回家鄉的權利（NFLS: paras. 298-9）。而造成難民或是流離失所人民產生的原因，也包括因爲武裝衝突和外國入侵所造成的威脅（para. 261），並和上述的種族隔離政策及巴勒斯坦問題產生某些關聯，但是未被刻意著墨，而處於傳統人道／人權救助與和平兩個範疇的中間模糊地帶。

至於裁軍的問題，則是主張「動員女性以改變其對於裁軍等相關事務的社會冷漠及無助，以獲得貫徹（武器控管及裁減）協議的支持」（para. 264），因此要讓女性更積極地參與與國際和平與合作相關的決策過程及相關的外交及文官體系，同時敦促各國政府提供與此相關的訓練與教育機會（paras. 266-70）、建立機制打擊家庭暴力（para. 271）與規劃和平教育的課程（paras. 272-6）等方法以幫助裁軍目的的達成。

在一九七〇及八〇年代，聯合國的女性議題透過婦女十年及三屆的世界婦女大會的討論，而進一步從政治、公民權利擴展到經濟發展與國際和平等結構面的議題，使女性議題也不僅止於國際組織內部的一個分支機構所處理的事宜，而開始和一些原來傳統上屬於國際「政治」的議題之間產生了正面的交集。這樣的結果之一，使得當時的國際政治發展深刻影響到女性議題的設定，包括當時正紅的南北問題、中東問題，以及東西之間的軍事競賽問題等，都成為女性議題所要關心的內容。同時，聯合國本身所具備的國際政治地位、成員的廣泛性及所遵循的大小國家一律平等的特性，也進一步造成了會議中多樣化聲音的出現。

雖然女性議題的內涵、範圍及討論的重點已經有轉移，

但是在建立女性與國際政治之間的關係時，仍然沿襲了一貫的「加入女性」思維模式。無論是要整合婦女到發展過程，或是在討論女性如何貢獻於國際和平種種面向的討論中，增加女性在相關決策過程的參與是第一個被提出的方法。「加入女性」思維的延續，突顯了傳統國際政治的領域中性別比例上的不平衡，因此當女性議題討論的觸角碰觸到傳統國際政治的實質議題時，改善女性低比例的狀況成為首要的方式。

不過，因為國際經濟結構與國際和平方面的各種議題成為此時女性議題討論的重點，因此也開始建立起女性和這些面向的關係，從而揭露了過去這些面向中不被重視的性別差異。「婦女參與發展」的提出，雖然在其基本假設上有所偏差，未能完全走出西方中上階級的視野，但也嘗試重新定位女性傳統的生養育角色及在非正式經濟領域及家庭內部的勞動價值，雖然在落實上受限於資源及意識形態方面所造成的障礙，但至少在改善女性受制於經濟結構的限制方面，提出新的看法。

國際和平與女性議題的連接，擴大了傳統和平的意涵，不再局限於非戰爭狀態的定義，暴力成為危害和平的最主要因素的突顯，使得和平的範圍從國家間的一種交往關係，進

一步延伸到家庭內部與人際之間的關係，並將諸如性交易、婦女買賣及家庭暴力等過去被認為屬於社會或是人權方面的議題，藉由對於暴力的防範而和國際和平的追求連接。

然而，國際和平討論中明確的議題，尤其是對於種族隔離政策及以色列在巴勒斯坦占領區對於當地婦女所造成的巨大影響，雖然也列入了世界婦女大會的討論議程，而得以揭露出一些訴諸於民族或是國家利益的政策在實行上的虛偽性，但也由於這些議題的政治性色彩，使得每一屆大會都為此爭論不休，甚至成為干擾會議進行、引發代表陣營分裂的元兇。這些爭論與分裂無法從會後文件的內容看出，然而這些議題所引發的辯論大大衝擊了以西方主導的女性主義的內涵與正當性，因此下一章將就這幾屆會議中所引發的衝突與爭議加以分析。

註釋

1 這期間只通過了一項與女性權益攸關，但同時也被認為最重要也影響最為深遠的的國際條約——《消除對婦女一切形式歧視公約》（Convention on the Elimination of All Forms of Discrimination against Women, CEDAW, 1979）。雖然它在一九八一年即已正式生效，但在一九八五年以前，真正批准的國家不到半數；到一九九〇年時，才累積到一百個國家的批准，但也有一百一十三個保留被提出（E/CN.6/1990/5: table 5; Cook 1990: 644）。因此，該公約的意義要到一九九〇年代時才真正得以彰顯，本文將在第五章再就此進行討論。

2 「第三世界」一詞最初是指不屬於以英美和蘇聯為首的東西陣營（第一與第二世界）外的另一股勢力，在地理範疇上包含了亞、非、拉美及加勒比海地區的國家，但是他們事實上包含了極為異質的國家群，且在經濟、意識形態、發展政策和政治路線上各不相同，其共同特點則在於他們都不同程度地受到西方國家的剝削。此外，「第三世界」也常和「發展中國家」、「南方國家」等名詞交互使用，這主要是著眼在世界經濟秩序下，這些國家常處於西方所認定的經濟發展階段中落後或低度發展的地位。參見洪丁福（1996: 284-94），蘇紅軍（1995: 20-1）。

3 不結盟國家和七七集團間的成員有很大的重疊，前者強調在東西陣
  營間獨立的地位，後者則以聯合國等國際建制爲舞台，以爭取第三
  世界國家利益爲職志，其後並逐漸發展，到二○○一年爲止，其成
  員已有一百三十三個國家（見http://www.g77.org/main/main.htm），
  但仍延用此一名稱。關於兩者的發展，參見Mortimer（1984）。

4 一九七四年聯合國大會第六次特別會議通過了「建立國際經濟新秩
  序宣言及行動計畫」（Declaration and Programme of Action on the
  Establishment of a New International Economic Order）宣告了此一訴
  求的定位。然而與此類似的概念早在一九六○年代時阿根廷的胡·
  裴畢許（Raoul Prebish）即已提出，但是聯合國這個宣言，明白賦
  予第三世界國家發展權利訴求在言詞上的新力量（rhetorical force）
  及政治曝光度。參見Mortimer（1984: 48-56）；Arnold（1994:
  150）。

5 一九七五年第一屆世界婦女大會召開後，聯合國內部多了兩個因應
  會議決議而生的機構，一是聯合國婦女發展基金（UNIFEM），一是
  提高婦女地位國際研究訓練所（INSTRAW），分別成立於一九七六
  和一九八三年，打破婦女地位委員會做爲唯一負責女性議事務的機
  構。

6 也有人稱這三大題反映了「三個世界」各自不同的主張：第一世界
  講平等、第二世界談和平、第三世界求發展。

7 一般而言,此類國際會議通常會有二~三年的準備時間,而第一屆
世界婦女大會從決定到開幕之間,尚不足一年的時間。一九七四年
五月經社理事會向大會提案於翌年舉辦世界婦女大會(ECOSOC
Res. 1849 & 1851),但主辦的地點卻遲至十一月才確定由墨西哥當
東道主,十二月大會才正式決議舉辦(UNGA Res. 3276),此時距
開會(一九七五年六月)只剩半年左右的時間了。參見UN(1974:
649-50)。

8 由於許多女性外交人員都被派任到此一小組中,因此成為聯合國中
婦女地位委員會之外女性所占比例最高的機構,又被戲稱為「女士
委員會」(Ladies' Committee)。

9 第二屆世界婦女大會於一九八〇年丹麥的哥本哈根舉辦,會議的全
名為「聯合國婦女十年會議:平等、發展、和平」(World
Conference of the United Nations Decade for Women: Equality,
Development and Peace),並設立三個子題——教育、健康、就業。
會議的目的在反省婦女十年前五年的工作成果;第三屆世界婦女大
會則於一九八五年於肯亞的奈洛比舉辦,會議全名為「審視和評價
聯合國婦女十年成就:平等、發展、和平」(World Conference to
Review and Appraise the Achievements of the United Nations Decade for
Women: Equality, Development and Peace),以做為總結聯合國婦女十
年活動的反省,並展望此後到西元二〇〇〇年間聯合國女性議題的

工作重點。

10 三屆的會議最後文件如表3-2：

表3-2 三屆世界婦女大會會後簽署文件

屆次	文件全名	文件簡稱
第一屆 （1975）	《貫徹國際婦女年目標之世界行動綱領》 （World Plan of Action for the Implementation of the Objectives of the International Women's Year）	《世界行動綱 領》（WPA）
第二屆 （1980）	《聯合國婦女十年後半之行動計畫》 （Programme of Action for the Second Half of the United Nations Decade for Women）	《行動計畫》 （PA）
第三屆 （1985）	《奈洛比邁向公元2000年提昇婦女地位之前瞻戰略》 （Nairobi Forward-Looking Strategies for the Advancement of Women Toward the Year 2000）	《前瞻戰略》 （NFLS）

11 由於事實上「女性」本身有不同的政經社文背景，因此要如何將
「女性」當成政治上有意義的群體來看待，是一個值得深入討論的
問題。對於「女性」的觀點，在不同的女性主義流派下，呈現出不
同的意義，可參見周嘉辰（2001）的探討。

12 此一論述並非是世界婦女大會的所創造出來的模式，事實上在一九
七〇年時，艾思特‧波色若（Ester Boserup）所著《經濟發展中的
女性角色》（*Women's Role in Economic Development*, New York: St.
Martin's Press）一書中，即提出過去的發展政策，只假設男性是國
家經濟發展的主力和家戶中的經濟生產者，因此發展政策制定時也
就假設了男性勞動力的利用與經濟狀況的改善，將會自動改善女性

的生活，並未考量到在許多第三世界國家中的男女角色並不必然如其所想像，因此發展的結果反而造成女性生活處境的惡化，爲此而提出應將女性及其需要帶入發展政策的制定與貫徹之中；一九七二年時，美國參議員查理‧沛西（Charles Percy）在國會上提出《沛西修正案》（Percy Amendment），表示美國對外援助機構的遵循原則乃是要「幫助婦女進入其本國經濟中，從而提高婦女地位並推動發展進程」；一九七四年時，此一原則被美國進一步引介到聯合國中。此一過程可參見Tinker（1983）；另外關於婦女參與發展及相關論述的介紹，可參見Rathgeber，仉乃華譯（1990）及Snyder（1995）。

13 在發展中國家的力量主導下，此時所謂的「發展」，涵括了就業、保健、教育、食物飲水和農業、工業、貿易和商業服務、傳播、居家與社區發展和交通、能源、環境和社會服務等範疇（WPA: paras. 57-147; PA: paras. 106-211; NFLS: paras. 132-231）。

14 在第二屆會議中即開始討論到女性在家庭、工作等情況下所面臨的暴力問題，但當時把此類問題主要放在健康的項目下加以討論，並未和國際和平之間加以聯繫。

15 見第五章第三節。

16 《行動計畫》的表決結果爲九十四票贊成，四票反對（澳洲、加拿大、美國與以色列），二十二票棄權（UN, 1980: 196-7）。

17 泛指西方的資本主義國家對白色人種和有色人、歐洲人和非歐洲人
　等依照種族群體身分而強制實行的分離政策。"apartheid"一詞最
　初出現於一九四八年的南非，原爲南非布爾人語，專指南部非洲的
　白人統治者，尤其是南非當局，對於非洲原住居民和其他非歐洲人
　所推行的種族歧視政策。除透過法律上區分各種族群體的地位外，
　並使用分別居住與分別發展的形式加以隔離，使其在社會地位與資
　源的分配上遭受極不公平的待遇。一九七三年十一月三十日聯合國
　大會通過《禁止并懲治種族隔離罪行國際公約》，正式譴責以南非
　爲首實行種族隔離的國家。

18 《前瞻戰略》中，第二五九段關於種族隔離部分，一百二十二國贊
　成，一國反對（美國），十三國棄權。參見UN（1986: 141-3）。

19 錫安主義又稱猶太復國運動，乃是散居世界各地的猶太人要求回到
　巴勒斯坦地方，重建猶太國家的政治主張與民族運動。此種思潮在
　十九世紀晚期因爲俄、德、法等國出現大規模的反猶主義浪潮而逐
　漸成形。一八九七年在瑞士舉行了第一次猶太人代表大會，通過
　《世界猶太復國主義綱領》，並迅速成爲政治上的建國運動。其思想
　乃是認爲散居世界各地、使用不同語言的猶太人屬於同一民族，不
　應與其他民族融合和同化，解決猶太人問題的主要途徑不是消除反
　猶太主義的階級根源，而是與非猶太人分離，單獨建立一個國家。
　此一建國運動在一九一七年得到英國等帝國主義國家的支持，並自

一八八二年即開始分批、大量的進行移民巴勒斯坦的行動。二次大
戰後，不願一九四七年聯合國所通過的《巴勒斯坦分治決議》，猶
太復國主義者迅速用武力搶占了將近57%巴勒斯坦的領土，其中
還包括在分治計畫中原來準備劃給阿拉伯國家的部分地區，並且在
四個月內迫使約莫三十多萬的阿拉伯人離鄉背井而成為難民，最後
在一九四八年五月十四日宣布建立以色列國。錫安主義對猶太人而
言是民族復興、國族建立運動，但對於居住於巴勒斯坦地區的阿拉
伯人而言，就成為造成其國亡家破的種族迫害了。

20 在《世界行動綱領》的討論時，為了促進共識的達成，而並未將這
兩個議題放到會議正文中，被有意地跳過而遺留到會後的《墨西哥
宣言》（Declaration of Mexico）再做處理，結果在宣言中保留了對
錫安主義譴責（六十國贊成，二十三國反對，二十五國棄權），於
是《墨西哥宣言》就在八十九國贊成，三國反對（以色列、美國、
丹麥，但後來丹麥表示棄權），十八國棄權的情形下通過，參見
YUN（1975: 650）。

21 此次討論並沒有以色列的代表參與。

22 第二六○段關於巴勒斯坦問題，九十八國贊成，三國反對（澳洲、
以色列、美國），二十八國棄權。

第四章

衝突與爭議

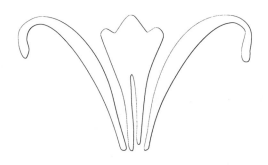

（會議與）論壇中（所呈現）的挑戰、成就和無效
率，其實是女性團體大量滋生的結果；太多不同的
調音與節奏的同時存在，使得多數的結果純粹只是
噪音。當前的問題十分單純：要如何在確定採用一
個主調並鼓勵各種變奏存在的同時，又可以引導出
整個交響樂團的烘托呢？（Tinker, 1981: 532）

從第三章關於三屆婦女大會對於女性議題的討論可以知
道，會議的過程並不是一個既和諧又充滿效率的場面，反而
充滿了爭議與各種異議的聲音，一方面是因為世界婦女大會
有著為數眾多且來源多樣化的參與者，另一方面則是因為聯
合國本身的「政治」色彩，使得一些西方女性運動者認為世
界婦女大會淪為國家間政治角力的場域，偏離了對於女性議
題的討論，許多第三世界女性的行為更被全然解讀成父權操
控下的結果[1]。這些爭執的源頭，可以歸結到美國與第三世
界國家對於發展議題討論中涉及建立國際經濟新秩序的訴
求，以及對於和平議題討論中關於錫安主義的譴責這兩個部
分所引起的不同意見。國際經濟新秩序的訴求，挑戰了西方
女性主義做為解放全世界婦女運動的正當性；錫安主義的爭
執，則引發了女性議題是否流於「政治化」的激辯。這些異

議的聲音即形成了上述婷克（Tinker）所煩惱的「變奏」及
「噪音」，本章即在闡述與分析這些「變奏」及「噪音」對於
女性議題的影響。

　　第一重的變奏，產生於對於女性受壓迫根源的不同認
知。在這一點上所浮現的是西方與第三世界兩大不同的觀
點，雙方對於女性議題是不是只要處理男性對於女性的宰制
（即被女性主義口誅筆伐的父權制度），還是國際政治經濟權
力結構，才是對於婦女的壓迫有著舉足輕重影響力，這兩種
完全不同的認知，使得雙方各有立場，各持己見。

　　第二重的變奏，出現於對於會議是否流於政治化的不同
看法，這一點可以說是對於女性議題本質的探討。對於政治
化與否的正反意見，其實是從不同的角度來理解女性議題與
政治之間的關係，同時對於何謂「政治化」的解讀也不盡相
同。

　　以下就對於這兩大變奏所引起爭議加以釐清，如此將有
助於我們反省女性議題在國際層面討論所帶來的意義。

第一節　「姊妹情誼」的幻滅：西方 vs.第三世界

　　令許多西方女性運動者失望的，世界婦女大會召開的結
果，並不是什麼「姊妹情誼」的鞏固，也不是全世界姊妹的

大團結；相反的，肇因於不同歷史背景、身處不同政經結構
的女性，在討論女性議題時，展現了對於促進女性地位提升
不同的認知。因此，除了在我們所熟知的在國際政治發展
上，一九七○和八○年代是南北對抗的年代，在女性議題的
討論上，同時也是女性陣營南北分裂的時候。尤其在歷屆世
界婦女大會的非政府組織論壇上，來自全球各地的女性主義
者、婦女運動者與關心女性議題的人士，對於阻礙女性地位
提升的關鍵問題何在，以及對於女性所受的壓迫何在，有著
南轅北轍的思考，這些思考反映在她們看待經濟和社會改革
的態度，以及她們對於兩性之間關係的看法。

一、西方工業化國家女性的觀點

　　對於西方女性主義者（尤以美國的女性運動者為代表）
而言，婦女運動所要追求的是婦女的解放，而所謂婦女的解
放，即是從男性父權的宰制之下解放出來；在女性議題的討
論上，她們認為比起貧富之間的戰鬥及其他的政治選項而
言，女性對於平等的爭取更具獨特性，這是因為女性在社會
上所面臨的種種不平等對待來自於男性對於權力的掌控，因
此男女之間的衝突是無可避免的。在墨西哥論壇中，葛洛利
亞·史坦能曾言：「…女性主義尋求重新定義『權力』，女

人所想要的是自主（autonomy），我們所想要的是掌握我們自己的生命，而不是施展權力凌駕於其他人的生命與生活；對男人及女人而言，女性主義的本質是選擇」（Whitaker, 1975: 174-5）。在此，男女之間的權力重分配是其重心，西方女性主義者要求對於自我生活掌控的權力與權利。

基本上，西方的女性主義者對於男性參與女性解放運動的意圖，抱持著懷疑的態度，此種態度在這樣一個國際性會議中更爲明顯。對於平等以及對於自我身體掌控的強調，並不表示已開發國家方面就不關切就業、升遷、報酬差異和家庭工作的分擔等議題，但她們更強調女性社會地位象徵意義的表述、與男性之間的個人關係、自信與權利、對自我身體的控制和歧視女性等議題（Papanek, 1975: 221）。

因此，因爲生理性的差異而使女性遭受歧視的現象，成爲她們致力破除的重點。性別主義（sexism），意指凡是只依據男女之間生理性別上的不同，而在正式的制度與非正式的社會習俗各方面促使男性得以正當地歧視女性、剝削女體等，成爲西方女性運動者所戮力撻伐的對象。因此對於三屆會議下來，不論是殖民主義、新殖民主義、帝國主義、種族主義……等，各種「主義」（isms）都被大力譴責之際，卻獨獨刻意排除性別主義一詞[2]感到荒謬與不滿。

二、第三世界發展中國家女性的觀點

對於來自第三世界國家的女性代表而言，雖然彼此間所處的政治文化脈絡迥異，不同國家、不同地區女性所面對的壓迫也不一致，然而她們都必須面對在處於當地社會中貧窮的處境[3]。對於第三世界的廣大婦女而言，史坦能所說的「選擇」並不存在[4]；生存，才是大部分窮困地區女性所面臨的當務之急。和男人爭取權力並無助於解決其生存的問題（因為大多數的男人也一樣窮困），對於西方女性主義所嘗試挑戰女性和男性之間的衝突與對立，她們多半表現出不能苟同的態度（Okeyo, 1981）。她們主張男性也應是女性解放的夥伴，因此不願意破壞傳統的性秩序（sexual order），並強調家庭的重要與父親的權利，因此對將性別主義一詞視為女性所面對最主要的障礙抱持保留的態度。她們認為問題的癥結，在於國際上資源分配的不均，以及工業化國家與第三世界國家在經濟和文化上的不平等關係；因此女性地位的提升被認為和經濟發展之間有著糾結難解的關係，是故國際經濟資源的重分配，才是解決這些國家以及生活在這些國家中的婦女所面對的窮困難題的根本之道（Whitaker, 1975: 176-7）。

　　第三世界婦女對於打著解放女性旗幟的西方女性主義也
經常是抱持著懷疑的態度，尤其是一個只是追求男女平等待
遇和女性平等機會的女性主義。對於第三世界的女性而言，
除了本身社會中性別主義是造成第三世界婦女遭受壓迫的組
成部分外，西方的父權制、種族主義和經濟剝削也加劇了第
三世界不同階層婦女所處的不公正的社會性別關係，因此，
對於第三世界的女性而言，種族、階級和性別一直是她們所
受壓迫的三個不可分割的原因（Johnson-Odim, 1991: 321）。
而在歷屆的世界婦女大會中，階級及種族這兩大因素，也恰
恰反映在會中關於國際經濟新秩序的訴求、種族隔離及巴勒
斯坦等政治問題的爭執上。

　　西方女性將問題的解決之道放在男女之間權力重分配，
強調應該賦予女性在生活方式、職業、教育、生養育……等
方面選擇的權利。第三世界女性則一方面剛經歷了去殖民化
的運動不久，另一方面又面臨工業化強國的經濟剝削所造成
的窮困難題，這個窮困的根源十分複雜，但眼前最現實的狀
況，就是富國挾其政經實力，透過跨國公司對於窮國所進行
的剝削，在此生活的婦女更因為所處社會接受了西方以男性
為經濟發展中心的意識形態，使得第三世界的婦女，無論是
否在傳統社會具有較高的社會地位，在西方現代化、資本主

義化的衝擊之下，多數淪爲「窮人中的窮人」（the poorest of the poor）；因此，來自第三世界的女性更強調「女性議題」的討論，應該放在當下的世界權力結構中加以分析，國際經濟結構不平等的影響更甚於男女間權利關係的調整，根本的解決之道應該在於南北之間經濟資源的重分配。

於是乎，是男人對女人的壓迫更爲根本？還是富國對窮國的剝削更爲嚴重？成爲雙方對於女性受壓迫根源根本認知上的差異。當西方（主要是美國）的女性主義者期待著全世界姊妹間的認同，並帶著解放婦女的自我認知來到世界婦女大會的會場時，卻赫然發現她們所要解救的對象痛斥她們所主張的女性主義是另一種形式的「美國帝國主義」，自己成爲資本主義結構中占盡優勢一方的共犯，女性主義被解讀成另一種形式的壓迫。這些抗議迫使西方充滿熱情的女性運動者開始對自己做爲白人、中上階級、美國人……的身分產生了不安的情緒。自六○年代即活躍於美國社會的婦女運動者貝蒂・佛利丹，積極參與了每屆世界婦女大會的非政府組織論壇，親身經歷這種種變調雜處的狀況。作爲一個「美國」、「白人」、「女性主義者」，她寫下了她的經驗和看法。

佛利丹在參與墨西哥論壇時，面對第三世界的姊妹對於

西方女性主義作為另一種形式的「美國帝國主義」的指控，
而非對於「女性解放」的認同，發出了做為一個「美國的」
「女性主義者」在「世界婦女」大會中的尷尬與焦慮：

> 當一個美國人真是夠糟糕的了！因為她／他必須不
> 停地重複：一般而言，我和（美國的）女性主義者
> 當然不是美國帝國主義的幫手，…我們也同樣遭到
> 剝削妳們的跨國公司所剝削，…也反對美國的對外
> 政策，…並示威抗議美國涉入越戰，…也相信妳們
> 有掌控妳們自己經濟資源的權利；我甚至可以這樣
> 告訴妳們，我也同樣列在詹森和尼克森的黑名單
> 上。（1998: 446）
>
> 聽到一個黑人女性堅決地說「女性主義」這個辭彙
> 而不用道歉時，感覺真是太美好了！（453）

佛利丹對於「女性主義」一詞的尷尬、對於「美國人」
身分的焦慮，反映出關於女性解放的複雜性，也反映出女性
群體的異質性與所受壓迫的多面性。西方女性主義運動的自
我認知是一種作為性別弱勢代言的運動，但在不同的情境之
下卻被理解成壓迫者、剝削者或是既得利益者的夥伴，從而
其運動的道德正當性就面臨了危機。雙方不同的認知以及

「女性主義」一詞在尋求普遍化所遇到的抵抗反映出一個事實，即女性解放運動必須結合在地的歷史、政治、文化及社會各種脈絡。如果所謂的「女性主義」不能正視內在的種族、階級和帝國主義等問題，就無法減輕世界上大多數婦女所受的壓迫（Gilliam, 1991; Johnson-Odim, 1991; Mohanty, 1991）。

　　一個明顯的例子，即是會議中對於存在非洲及一些中東國家已久的陰蒂割除（clitoridectomy）[5]議題討論上不同的認知，佛利丹對於此議題討論的感言反映了爭辯雙方著重點的差異：

> 更令人感到大惑不解的是，第三世界的婦女竟會為（廢除）切除陰核抗辯。…某些第三世界婦女挺身叫美國的女性主義者放手；切除陰核是她們自己的問題，她們會以自己的方式應對。不過此刻她們有更迫切的問題要擔心，例如，「入侵」她們國家的科技「發展」使婦女在田地裡工作，而這些雜務以前卻賦予她們某些經濟功能和權力。（謝瑤玲譯，1986：210）

從西方女性運動要去除女性因為生理上的性差異而遭受

壓迫的立場來看，陰蒂切除是一個剝奪女性身體權利、性自主與性歡愉的一個重大障礙；然而，對許多第三世界的女性而言，一些西方女性對於此一習俗過於關愛的眼神，而將其當成討論非洲或中東婦女所面臨壓迫的最關鍵，甚至是唯一的面向時，一方面將這些第三世界地區貼上了落後、野蠻的標籤，另一方面對西方的跨國公司在這些地區所進行的不平等、不正義的剝削保持緘默或選擇忽視（Gilliam, 1991: 218-20）。因此問題的重點不在於陰蒂切除是不是一個值得討論的議題，而是在於它是不是被認為是這些地區女性所面對的唯一〔受到白（女）人重視的〕議題。

第二節　「女性議題」＝／≠「政治議題」？

除了因為對女性所受壓迫根源的認知差異，打擊了西方女性主義者解放姊妹困苦處境的熱情外，另一個造成許多參與官方會議與非政府組織論壇，以及對於女性議題抱持著高度熱忱的女性運動者沮喪、憤慨與不安的，即是會中關於「錫安主義即種族主義」（zionism as racism）白熱化的爭執，此一爭執導致「政治化」的問題陰魂不散地籠罩了各屆官方會議及非正式論壇的會場中[6]。但無論是痛批「女性議題」為「政治議題」所凌駕，還是強調「女性議題」即是「政治

議題」，所透露出的是彼此對於「政治化」內涵的認知不盡相同。

對於會議流於「政治化」的批評，主要來自美國等西方國家的官方意見，以及一部分的西方女性運動者。指責「政治化」，意味著此類具有高度爭議性的「政治議題」屬於傳統國際政治的範疇，因此其討論會有損或轉移了會中對於女性所「共有」部分議題的討論（Çağatay et al., 1986: 403）；而反對此種指責的意見，則強調此種區分將女性議題的討論狹隘化。下面就關於世界婦女大會是否「政治化」的爭論分成三個部分加以分析，前兩點都是批評會議「政治化」，第三點則是針對前兩點的指控所做出的回應。

一、巴勒斯坦等問題屬於「高階政治」的範疇，不是世界「婦女」大會所應該／能夠處理的議題

這種看法以官方會議中提出反對與保留意見的西方各國為主。以色列本身當然是完全否認這些指控的，因為對錫安主義的譴責，直接挑戰到其神聖的民族主義復國、建國運動的正當性基礎；援助巴勒斯坦婦女的主張，則落實了以色列使用了殘暴、不正義手段的指控，同時合理化巴勒斯坦人民與巴解組織對於以色列政府的反抗。對其他國家（包括高度

支援以色列立場的美國）而言，巴勒斯坦問題摻雜了戰後國際政治體系的運作、阿猶民族之間複雜的歷史、宗教、種族……種種因素，本質上被認為是一個涉及民族主義、族群衝突與國際權力結構的問題。因此毫無疑問地，無論是以色列還是其他反對的官方代表，都認為這是一個屬於傳統國際政治的問題，而世界婦女大會不是「合適」的討論地方，而應該在聯合國其他專門與此相關的場域來解決（UN, 1975: 27; UN, 1980: 151-3, 171-2, 195-6; UN, 1986:146-57）。

這些意見不時地指出，有一種不同於或外於此類「政治」性質，而專屬於「女性獨特的」、「女性基本關切的」、「關乎會議主題的」……需要存在，而這些才是世界婦女大會所應該集中心力討論的，美方代表更明確地指出：「…（巴勒斯坦、種族隔離及國際經濟新秩序屬於）一般的政治議題…和女性所獨特關切事項上僅有虛有其表的關聯…」（UN, 1986: 146-57）。這意涵了在這些官方的思考中，「女性議題」本質上應是去政治性的，而此種去政治性意味著「女性議題」所關心的「女性」是沒有種族、階級、意識形態上不同的問題，「女性議題」的內涵是那些放諸四海的女性所共有的問題，這些問題源自其「身為女人」這個類屬的需要而產生，而「身為女人」在此，和傳統定義下的「政治」是隔絕的。

二、「(世界)政治」是邪惡的,「政治化」的現象是受
　　到有心(男)人操控的結果,目的在於分化姊妹間
　　的團結

　　這種看法則是以西方的一些女性主義者為代表。她們之
所以批判會議流於「政治化」,乃是認為這些議題轉移了她
們所關心的「女性議題」的內涵:

> 在巴勒斯坦議題上對抗的效應,波及到非政府組織
> 論壇中,對「反閃族主義」(anti-Semitism)的浪潮
> 起了推波助瀾之效,並鼓動代表團彼此間的憤怒與
> 分裂,而分散了這個會議應該真正關注的焦點:婦
> 女的地位與福利。(Tinker, 1981: 531)
> (結果,)非政府組織論壇的是一個刺激且密集的
> 現實政治(realpolitik)課程,而偏離了它原本應該
> 做為(女性議題)資訊實質交流的正軌。聯合國的
> 正式會議本質上更是由世界政治所主導,將巴勒斯
> 坦婦女及種族隔離下婦女處境納入會議的議程,更
> 加保證了這一點。(533)
> 本次(哥本哈根)研討會最重要的議題似乎不是婦

女的權利，而是聯合國對以色列的制裁。

（Friedan，謝瑤玲譯，1986：211-2）

　　由此看來，「婦女的地位與福利」是「女性議題」所要
討論的核心，而將嚴重干擾「女性議題」討論的議題歸屬爲
「世界政治」的範疇。阿梅（Ahmed）指出，此種把「女性議
題」與「世界政治」區分，「正當化地劃定了女性主義的界
線並認定女性主義的觀點基本上與這些議題無關，…而在巴
勒斯坦與南非種族隔離下的婦女既然屬於『世界政治』的範
疇，也多少表示了她們和女性主義無關」（1981: 782）。因
此，與官方看法相似的，她們認爲「女性議題」所應該要討
論的，是那些個放諸四海皆準的議題，如佛利丹所稱「明明
白白是『非政治性』」的議題，像是家庭與老年的議題
（1998: 502）」。它們「非政治性」的展現，在國家內部，長
久被認爲是社會（福利）方面的議題，在國際上，更不是傳
統的國際「政治」議題；它們的「非政治性」，是因爲長久
都被認爲只要是「身爲女人」這個身分，就必須要共同面對
的，且不受「世界政治」的干擾。如此即可減少會議的爭議
性，又利於姊妹間的團結與共識的達成。

　　所不同於官方的反對與保留意見的，在這些女性主義者

的眼中，「世界政治」是邪惡的、是「鼓動代表團間彼此憤
怒與分裂」的罪魁禍首，它造成了婦女大會的失焦和與會姊
妹的分裂，佛利丹曾不只一次批評世界婦女大會遭受到西方
及非西方的男性霸權的操控：

> 現在控制聯合國的是共產黨、回教徒和拉丁獨裁暴
> 君的同盟，他們現在正受到擴及世界的女性主義的
> 威脅，因此為了自己的政治目的而利用聯合國來操
> 控婦女。（1986: 211）

> 在頭兩次的世界婦女會議中，…我曾看到國際婦女
> 網路在形成之際，就被持槍械狂徒所領導的分裂組
> 織叫囂著「反帝國主義」和「錫安主義」的口號而
> 破壞。來自阿拉伯國家和其他第三世界與共產主義
> 國家的官方與控制聯合國的男性代表們，露出了對
> 於婦權的輕蔑，並利用這些會議鼓吹宗教與種族憎
> 恨的新教條，將錫安主義視同種族主義，這令我感
> 到震愕；更令我嫌惡的是來自西方國家的代表——
> 多數是男性官員或其妻子和女性奉承者——聽任他
> 們剝奪了這些會議中原本或許可以提升全世界婦女
> 的道德與政治意義。（341）

　　因此，「世界政治是邪惡的，它轉移了女性議題討論的焦點並分化了女性團結的力量」的說法，乃是認為這些不相干的政治議題的設定，是有心（男）人「對於女性正當要求錯誤的政治利用」（1998: 437），因為政治是由男性的霸權所宰制，所以會議的進行必然是「遵循男人的規則、探討男人的議題」，而這對世界婦女大會而言，必定是「一個穩輸不贏的局面」（a no-win situation）（Tinker, 1981: 534），活躍於第二次世界大戰後並對社會運動及女性存在意義多所探討的法國女性主義學者西蒙‧波娃（Simone de Beauvoir）[7]，也在第一次世界婦女大會召開後的一個訪問中，批評「參加世界婦女大會的婦女也只不過是男性政權的傀儡」，甚至認為由聯合國所主導的婦女會議，是嘗試分散、掠奪婦女運動團體長期以來奮鬥的果實（Schwarzer, 1984: 72-3）。對於這些西方的女性來說，這些政治雜音的出現，乃是因為男性畏懼女性真正團結在一起從而進行的政治操控，而以色列只是個倒楣的「代罪羔羊」（Friedan，謝瑤玲譯，1986：211）。

三、「女性議題」是「政治議題」，私人的事務和政治的
　　事務是連動的

　　相較於對於世界婦女大會泛政治化的指控，另外一些的

女性參與者指出，將「女性議題」與「政治議題」區隔反而是見樹不見林的看法，她們主張「女性議題」本身即是「政治議題」（如Ahmed, 1981; Bunch, 1981; McIntosh, 1981等）。這類的看法更強調「女性議題」應該考量其所依據的政治經濟社會脈絡：

> 女性所遭受的壓迫必須在政治經濟的脈絡下討論才有意義，因為女性的處境和世界體系中的社會、政治和經濟關係之間存在著辯證的關係。這表示我們不能將女性視作一個同質性的團體，而不去考量到階級、種族或族群的背景。其結果，我們不能將「女性議題」當作一個抽象的觀念來加以討論，而假設它對所有女性而言是一樣的。當然，所有的女性都遭受此種或彼種方式的壓迫，但這些壓迫的本質會因我們所生活的社會的不同而有異。…因此，錯誤地將「女性議題」和「政治」二分，不能去看到對於「女性議題」的關切本身即是政治的。…要對抗女性所面對的壓迫，就必須對抗每一種女性所經驗的不同的壓迫的形式，包括種族的及階級的。
>
> （Çağatay & Funk, 1981: 777）

　　在這裡，「政治」一詞被賦予比較廣泛的意涵，而非僅止於邪惡的或是男人的操控而已。第一層意涵意味著女性在社會所遭受的不平等地位，必須放到（國際）社會整體的脈絡下來加以檢驗，而（國際）社會的結構性因素，也必然會對於處於結構不同位置的國家、身處國家中不同階層的女性，產生迥異的影響，此種看法也和上述第三世界女性代表的觀點較爲符合。相較於前述兩種強調應該關注於因爲女人所共有的特質而要面對的問題的主張，也就是專注於性別做爲探討「女性議題」的面向，第三種說法更強調性別以外因素所造成的影響。在這樣一個國際性的場中，也不得不進一步考量到「女性」本身的多樣性，除了在各種文件表格中的性別欄大家所勾選的欄位一致外，還有一些其他因素存在：種族、階級、不同的發展狀況……。無論是國際經濟新秩序、種族隔離，還是以色列在巴勒斯坦的占領，都和生活在相關情境中的婦女產生必然的聯繫。正如上述第三世界女性主義學者所說的，對於「女性議題」的討論，不能迴避種族、階級、國際經濟結構等其他因素對於女性的影響。女性所遭受的壓迫與政治、經濟和社會條件交互關聯，無法從單一面向加以解釋，因此若是「女性議題」所關心的是女性生活各個面向的議題，則它必然是政治的（Bunch, 1981:

788）。

　　第二層的意涵在於，對於一般政治的事務的討論，不能忽略其所造成的性別效果。尤其是此種以國家利益、民族精神、國家大義……爲名的政策，長期忽略女性在這些政策下的遭遇。因此，前面所提到的幾個「政治議題」的出現，至少揭示了在這些以國家利益爲名的政策之下，對於不被列爲國家所需關照利益一部分的婦女及孩童，也絕無倖免地，甚至會處於更爲艱辛的處境。邦區（Charlotte Bunch）即指出：「問題不在於此會議是『政治的』，而是它未從一個女性主義的政治觀點，或甚至是從這些因素如何特別影響了女性的角度加以考量」（Ibid）。

　　從上述三種對於會議是否政治化與「女性議題」是否是「政治議題」看法的分析中，可以看出對於「政治化」的意涵其實有不同的解讀。而這些不同的解讀和第一節所提到西方女性與第三世界女性之間對於「女性議題」所要嘗試解決的問題的不同認知相關。強調應將「女性議題」與政治（議題）區隔的，更著重的是共識的達成。這樣的期待似乎預設了有一個共識的存在，只不過在官方代表與西方女性運動者所期待的共識內容不盡相同：官方所期待的是排除在政治立場上的差異，關注於專屬於女性的一些傳統以來屬於社會及

人權面向的問題，相對而言被劃歸較爲軟性的議題，這個被期待的共識是「不要將議題扯得太遠，世界婦女大會只不過是因應世界婦女年的活動而已，管好妳們自己的事就好了」；西方女性運動者所期待的是姊妹間的團結並得以喚起更多她們所認知的女性主義意識，專注於消滅因爲生理的性差異所帶給所有姊妹的壓抑與剝削，這個被期待的共識則是認爲女性主義乃是爲了全世界女性的運動，因而希望藉此凝聚衆家姊妹的力量。只不過這兩種對於「政治」的抗拒，從側面來講，「女性議題＝非政治性議題」的論述，可說是公私二元對立的傳統看法，因此選擇的仍然是和既存體制共存共榮的方式，不去挑戰體制本身，也沒有突出在傳統政治議題中女性處境與性別因素遭忽略的情形。

　　這些女性參與者內部歧異的變調與雜音，透過聯合國這樣一個國際性論壇空間的創造而愈形突顯。無論是強調男人對女性的壓迫是解放女性的根源，或是主張國家間因爲經濟地位不對等所造成的剝削，這兩派看法正可以對照到各種對於女性議題與政治議題之間的爭論；然而無論是強調女性議題應與以巴等政治問題劃清界限，或是主張女性議題不可以自絕於政治之外，從而強調不論是國際經濟新秩序的建立，或是以色列錫安主義與南非種族隔離所引發的種種問題，都

可以放在世界婦女大會中加以討論。這兩種看法都自覺或不自覺地對「女性議題」進行了某種邊緣化的動作：前面兩種認為女性議題不屬於政治議題的看法，不論是官方或是非官方的意見，接受了政治的問題不是女性的問題，或者反之，女性的問題不是政治的問題，因此將女性議題的討論排除在公共政治之外，尤其是在國際政治的互動領域之外，結果是，雖然「女性議題」被提出來進行公共討論，但它仍被區隔在核心之外；而強調女性議題是政治議題的第三世界女性，雖然顯示在主流政治議題中的性別效果，但在將國際經濟新秩序等政治訴求提出的同時，卻又陷入國家政策立場與國家利益需要的邏輯中，未能同時反省在地性別關係不平等的結構問題。這使得女性議題的討論陷入了一個兩難的困境，而這正反映了女性所必須面對問題的複雜性與緊張性，也無可避免地會在聯合國此一由國家所組成的跨國家界限的場域中暴露出來。

　　世界婦女大會的過程與結果出乎當初設定會議的設想。西方與第三世界對於女性議題與女性主義的所要處理的問題的爭議，以及因此所引起的關於政治與政治議題的口水戰，造成共識尋求的困難，尤其是第二屆會議的成果遭到四個國家的反對而造成以共識決為前提的結果完全破局（UN, 1980:

196-7）。然而，這些衝突與爭議卻也提供許多國家成立掌管
與女性有關事務機構的出現，或是在已經成立相關機構的國
家，一個反省的契機；而來自各國、各個階層的女性主義或
是女性運動者無論對會議的反應是正面還是負面的，它至少
相當程度提供了各種不同的女性發聲的機會；在國際政治
上，正由於這些衝突和爭議所造成的分裂與種種政治化的舉
動，使得「女性議題」的討論得以在主流的議題中搶到相當
程度的關注。

註釋

1 抱持此種看法的人不少，本章將在討論「女性議題」是否等於「政治議題」時加以介紹。

2 三次會議的文件中，「性別主義」一詞僅在《行動計畫》第十二個段落對於女性不平等的根源描述中，在譴責完「帝國主義、殖民主義、新殖民主義及不義的國際經濟關係後」，對於「女性此種不利的地位，在一些國家，無論是已開發還是發展中，受到事實上根基於生理性別所產生的歧視而愈形惡化」，附以一個十分不起眼的註釋解釋所謂的「事實上根基於生理性別所產生的歧視」，「在一群國家中被稱為性別主義」。

3 所謂的「第三世界婦女」是一個難以定義的範疇，它和傳統國際政治上的「第三世界」之間並不是一而二、二而一等同的概念。它可以特別指稱在國際政治的版圖上「低度發展」或過度剝削的國家實體的婦女，也可以指涉來在自這些受壓迫的民族而居住在「已發展」的第一世界國家中的婦女（Johnson-Odim, 1991: 314-5）。莫涵蒂在提到要如何將「第三世界婦女」當作是一個有效分析的政治範疇時，藉用了班乃迪可·安德生（B. Anderson）「想像的共同體」（imagined community）的概念，她認為如此可使「第三世界婦女」成為一個政治上可分析的範疇並避免本質論的陷阱（Mohanty

1991）。

4 這並不是說對於第三世界的女性而言，「選擇」就不重要。以女性
   對於本身生育與否的選擇為例，對於身處「落後」地區的婦女而
   言，生育控制可能意味著在法令規範不足的情況下，藥廠可透過此
   種政策將還在實驗中的藥物傾銷至這些地區，使得這些婦女成為藥
   物實驗的白老鼠。因此，葛利安會說：「女人是應該有生育的選
   擇，但在充滿種族主義高壓心態政府的生育控制政策下，那些看起
   來（對於某些女性而言）的『選擇』，可能成為不利（其他處境）
   女性的工具。」（Gilliam, 1991: 224）

5 又稱為「女性割禮」（female circumcision/mutilation）。對於此一習俗
   的譴責在第一屆世界婦女大會時即已出現，但從會後所達成的《世
   界行動綱領》中並沒有看到任何與其相關的文字，只有在第二屆的
   《行動計畫》的第一六二段中可以看到對於此一習俗的譴責。

6 被批評使會議過度政治化的「政治議題」，實際上還包括第三世界國
   家對於建立國際經濟新秩序的訴求與南非的種族隔離議題，不過都
   不如巴勒斯坦問題所造成的爭議來的更為明確，尤其是在談到該議
   題與「女性議題」之間的區隔時，巴勒斯坦與錫安主義的爭議所引
   起的正反激辯更清楚地揭露了官方意見對於「女性議題」本質上的
   期待與認知。

7 波娃雖然自一九四九年即出版了影響二次戰後女性研究深遠的巨著

《第二性》，並成為其後女性研究理論化與婦女運動發展重要的標竿人物，但是即便女性主義一詞是一個概括性的稱法，她本人卻一直到一九七〇年代之前都拒稱自己是個女性主義者。

第五章

議題越界：
「從女人的眼睛看世界」[1]

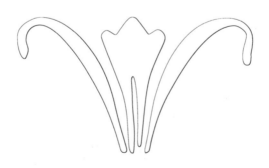

到了一九九○年代,聯合國體系下女性議題討論最大的
特點,即是跨出了傳統以「婦女」為名的機構與國際會議,
開始涉入其他的議題領域中。在國際會議的討論議程上,包
括被認為先天上與「女性事務」有親近性的衛生、人權、人
口、社會與發展等議題,以及在主流國際政治議題中與女性
議題一樣處於邊緣的環境議題,都開始在其會議議程中,列
入了與女性權益或是性別相關的討論,並具體明文載於會後
文件的專門篇章中;在聯合國內部涉及女性事務的機構方
面,除了傳統上最早的婦女地位委員會、因應世界婦女大會
而設立的婦女發展基金和提高婦女地位國際研究訓練所,以
及這些機構上游的經社理事會與大會等單位外,其他掌管人
權、難民的救助與保護、人口、衛生、社會經濟發展等相關
機構,透過相關國際會議召開所進行的合作協調工作的整
合,也逐漸意識到女性在這些非以女性為名的議題中的特殊
需要。這些零散分布在各個不同領域的國際會議中的成果,
彙集總結於一九九五年於中國北京所召開的第四屆世界婦女
大會,成為九○年代聯合國對於女性議題思考的彙整。

其次,從趨勢上來看,九○年代女性議題的焦點,從過
去二十幾年所強調的經濟發展面向,又回歸到對於權利論述
的討論,只是此時對於權利的思考上,開始注意到社會建構

的性別意義在各個不同領域中所產生的性別效應，包括諸如衛生、人權、環境保護、人口發展等議題，和過去的權利觀念只強調單純的平等有所不同。此外，除了對於這些原來就和傳統所認知的女性事務有親近性議題領域，開始關注到女性和性別做為值得注意的要素外，女性議題和其他傳統國際（高階）政治議題之間的界線也開始不再是壁壘分明的情形。

第一節　後冷戰與後南北對抗的國際社會

一、國際社會衝突與安全內涵的改變

　　形成於一九五〇年代的東西冷戰與興盛於一九七〇到八〇年代中期的南北對抗，自八〇年代後期開始逐漸改觀。首先是蘇聯與東歐的共產集團崩解，國際政治上東西意識形態與軍事對抗的告歇，使得聯合國維持世界和平的能力被賦予較以往更高的期待[2]；國際衝突的熱點從兩強的核子對峙，轉移到區域內的族群衝突。相對於訴諸核子武器的戰爭威脅，九〇年代的衝突多訴諸較為「原始」的手段，然而其形式更為駭人聽聞。包括一九九二年時，前南斯拉夫聯邦的分裂，以及二年後爆發於盧旺達的種族殺戮，使得種族滅絕

（genocide）、種族清洗（ethnic cleansing）和與之相隨的大規模、系統性的戰爭強暴等性暴力攻擊、和區域的難民潮現象成為耳熟能詳的國際事件，這些國際政治事件也影響了女性議題的發展。

簡單來說，因為東西軍事冷戰的結束，使得聯合國的地位與角色被賦予新的期待；而部分族群衝突升高到戰爭層次所導致的人權與人道的違反，使得人權議題獲得關注，安全的內涵也被提出來尋求新的詮釋，不僅僅是軍事上的，經濟的、個人的安全保障也逐漸獲得國際層次的重視。

二、國際女性團體網絡力量的興起

受到一九七〇與八〇年代聯合國所舉辦的三次世界婦女大會，以及全球女性主義理論與婦女運動的蓬勃發展，女性團體如雨後春筍般的湧出。尤其是聯合國婦女十年的活動，所造成的正面效果之一，即是將女性議題以公共議題的形式，向世界各國散播。許多在會議期間因為非政府組織論壇所形成的網絡，繼續在會後形成常設性的跨國性團體，例如，一九七〇年代中期因為第一屆世界婦女大會而出現的女性國際網絡（Women's International Network, WIN），在會議結束後仍繼續運作。和早期以菁英取向的女性團體不同，這

些因應世界婦女大會而生的團體，重心放在形成地方性與全國性的活動，因此其網絡的連接常常跨越出組織結構的內部（Stienstra, 1994: 103）。

　　其次，許多新興的組織突破由北方國家的女性組織獨占的局面，其中最為著名的即是在一九八四年主要由南方國家的女性主義者所組成的「新時代女性發展選擇」（Development Alternatives with Women for a New Era, DAWN）（Ibid: 109; 2000: 212-3），關注於各種不同跨國性危機之間的相互關係，包括水災、饑荒、軍事主義與基本教義等，她們認為這些是南方貧窮國家的女性所面對最為切身與危急的問題。再者，這些新興的團體也常常高舉女性主義的大旗，但所著重的議題重點則各自不同（1994: 106-110）。

　　最後，受到一九七○和八○年代世界婦女會議的刺激而成立的團體，記取前三次世界婦女會議的經驗，不只在特別討論女性的世界會議中努力，同時為了進一步將女性議題放到所有世界會議的議程上，這些團體發展出更廣泛政治性的視野，並在策略設定與運用上有更嫻熟的技巧及更普遍的政治基礎（Chen, 1995）。包括婦女環境與發展組織（Women's Environment and Development Organization, WEDO）、婦女全球領導中心（Center for Women's Global Leadership）等，都

積極在一九九〇年代前半期的幾個國際會議中扮演議題設定的角色（Stienstra, 2000）。

第二節　「女性議題」討論場域的多樣化

在第四屆世界婦女大會召開前，聯合國關於女性議題的討論，集中在一九九〇年代前半期的各種國際會議中。本節將就這些會議所呈現出與過去三屆世界婦女大會所不一樣之處，做一分析。首先就非婦女會議的部分討論，其次就第四屆世界婦女大會與其後的「北京＋5」會議所反映出的現象，與幾個引起與會代表爭議和提出保留的條款加以討論。

一、超越「婦女」會議

表5-1羅列了一九九〇年代聯合國所主辦的與女性議題內涵與發展有關的各種國際會議，除了第四屆世界婦女大會和與之相關的「北京＋5」會議外，其他會議的召開，顯示出聯合國關於女性議題的討論，開始跨越以「婦女」為名的會議場合。這些會議和之前所舉辦的世界婦女大會一樣，都具有官方會議與非政府組織論壇兩個部分，因此提供許多團體（當然包括女性團體）涉入議程規劃與議題準備的部分，會議中與女性事務部分相關的結論，也對於一九九〇年代女

表5-1　一九九〇年代聯合國主辦與「女性議題」有關的國際會議

舉辦時／地	會議名稱	會後文件	出席人數*
1992/6/3-14 里約熱內盧	聯合國環境與發展會議（地球高峰會）〔UN Conference on Environment and Development, UNCED,（Earth Summit）〕	《二十一世紀議程》（Agenda 21）	108位政府首腦，約30,000名來自171國民間組織、運動團體參加
1993/6 維也納	世界人權會議（World Conference on Human Rights）	《維也納宣言及行動計畫》（Vienna Declaration and Pro-gramme of Action）	171個會員國參加
1994/9 開羅	第三次國際人口與發展會議（The Third International Conference on Population and Development, ICPD）	《行動計畫》（Programme of Action）	
1995/3 哥本哈根	社會發展世界高峰會（World Summit for Social Development）	《哥本哈根社會發展宣言》（Copenhagen Declaration on Social Development）	117各國領袖參與
1995/9/4-15 北京	第四屆世界婦女大會：平等、發展與和平行動（Fourth World Conference on Women: Action for Equality, Development and Peace, FWCW）	《北京宣言及行動綱要》（Beijing Declaration and Platform for Action）	189國，包括政府、NGO與媒體約17,000名代表參與正式會議；將近40,000人參與NGO論壇**
1996/6 伊斯坦堡	聯合國人類安居會議〔United Nations Conference on Human Settlements,（Habitat II）〕	《伊斯坦堡人類安居宣言》（Istanbul Declaration on Human Settlement）	

註：＊：數據乃是根據UN（1995a: 54-57）。
　　＊＊：數據參見UN（1995b: 1167）。北京會議的非政府組織論壇部分，又
　　　　稱爲「95論壇」（Forum 95）
　　聯合國對各項文件的正式編號，請見參考資料。

性議題的發展有指標性的影響[3]。

　　首先，許多在女性主義學界與運動界所盛行的詞彙與概念，開始十分頻繁地出現在上述的各個會議的主流論述之中。包括建立性別相關或是性別敏感的知識庫與資料庫、消除社會各個領域中性別偏見、整合性別觀點到各種經濟與社會政策的設計、貫徹與監督等等。以性別為名的種種詞彙與概念，成為這些會議結論中的常見詞。性別（gender）概念的引入，著重的是對於女性所受到歧視、不平等與不公平待遇社會性因素的強調，對於女性的不平等地位以及在公共議題與公領域中所受到的忽視，關鍵點在於社會觀念的塑造，而不是生理性徵上的問題。過去所常說的「性平等」（sex equality）與「性歧視」（sex discrimination），在這些會議文件中，都被「性別平等」（gender equality）與「性別歧視」（gender discrimination）所取代。

　　此外，女性「賦權」（empowerment）概念的提倡也成為其後談論女性地位提昇、權利保障的核心概念。「賦權」本身的意義更強調女性本身的主體性與能動性，此種權力／力量的獲得並不是靠外在的賦予，而是著重一種自我意識的萌發與自我力量的成長。

　　其次，這些多樣化主題的國際會議，各就其主要訴求分

列出關於女性事務的專章，不但採用了許多女性主義的概念與訴求，並開始注意到議題彼此之間的關聯性。除了長期備受關注的貧窮女性化、文盲、歧視、身體的主控權、教育機會平等與決策參與……等議題得到進一步的闡釋外，婦女與永續發展（sustainable development）的連接、「女權即人權」觀念的確立，以及對於女童權利的保護……等成為新的關注焦點。

第三，男性在女性議題中的角色被明確地提出與強調。過去的世界婦女大會對於男性的分擔責任與參與方面，若不是略而不談，就是多半使用鼓勵式的詞彙：「鼓勵男性在分擔家務和育兒責任更多的涉入，以便利女性獲得有給的職業」（PA: para. 114）、「對於夫婦共同分擔家務應賦予特別的關照，以便利女性獲得就業的管道」（136）；指導式的詞彙：「男女負有一般家庭福祉的連合責任和對於子女的照料」（47）、「應認知到育兒乃是父母雙方及整體社群的責任」（64）；和期待式的詞彙：「應付出特別的努力促使父親能承擔其家庭責任的分擔」（202）。然而，在一九九四年國際人口與發展會議的《行動計畫》之中，則清楚列出「男性的責任與參與」這樣的章節，同樣的精神也在翌年的《哥本哈根社會發展宣言》中再度出現，因此，男性對於女性地位提

昇的參與成爲責任式與義務式的。

在國際人口與發展會議的《行動計畫》中，表示「男性在促成性別平等上扮演了關鍵的角色，因爲在絕大多數的社會中，男人幾乎在生活的各個層面掌握了優勢力量，範圍從家庭規模的個人抉擇，到政府中各個階層政策與計畫的決定…」（4.24），因此提昇女性地位的目標之一，在於「…促進生活所有層面性別的平等，包括在家庭和社區生活方面，並鼓勵、促成男性爲其性行爲與生育行爲和其社會與家庭角色擔負責任（4.25）」，同時「國家與社群領導者應提昇男性在家庭生活的全面參與，以及女性在社群生活的完全整合（4.29）」。此種對於男性在「女性」議題中所應該扮演的角色與責任的確立，破除長久以來女性議題只是與女人有關的議題這樣的觀念，也只有女人才需要關心的印象，同時嘗試澄清對於女性地位與權利的爭取意在奪取男性既得利益的偏見與恐慌，而強調一種責任的倫理觀。

二、北京會議

北京會議，即第四屆世界婦女大會，召開的目的是爲了檢討並敦促《前瞻戰略》的執行效果，並進一步提出需要改進之處（UN, 1995b: 1167）。在前面三屆會議及二十多年來聯

合國對於女性議題探討所累積的基礎上，加以南非的種族隔
離政策已經在一九九二年劃上休止符，以色列錫安主義之辯
也在奈洛比會議時獲得諒解的情況下，普遍而言，北京會議
成爲一個無論是對國際社會，或是對女性主義與運動界的各
方參與者的感覺上，都具有正面意義的產物。因此，聯合國
所主辦的國際會議的參與，無論是官方還是非官方人數紀錄
再度被改寫，同時第四屆世界婦女大會仍然吸引了眾多國際
上有名望的女性人物，包括當時的美國第一夫人希拉蕊也是
與會嘉賓。

　　不同於前幾屆關於「西方vs.第三世界」與「女性議題
vs.政治議題」的爭辯，北京會議引起爭議的焦點，會前集中
於對於主辦國的國際聲譽與資格的懷疑，會中則是對於「性
別」一詞的使用，以及尤其是關於「性（sexual）權利」與
「生育（reproductive）權利」方面的保留。

（一）主辦國道德正當性的質疑

　　對於第四屆世界婦女大會召開的呼聲自一九八七年即已
出現（ECOSOC, 1987/20），但主辦地點卻一直要等到一九九
二年婦女地位委員會開會時才拍板確定在中國的北京召開
（Report of the CSW, 1992: 29）。因爲會議的主題在於「婦女
賦權」（women's empowerment），而才在一九八九年發生六

四民運鎮壓與長久以來人權紀錄不佳，同時也對「人權」一詞十分抗拒的中國，在一九九一年初開始有意爭取第四屆世界婦女大會的主辦地位藉以改善其國際形象，曾引起了不小的爭論[4]。同時，在核發邀請函時，中國政府也對支持台灣（中華民國）加入聯合國的幾個國家進行刁難[5]，遲遲不核發簽證給來自台灣民間前往參加非政府組織論壇的婦運團體與個人[6]。所以，中國做爲有史以來最大規模國際會議的東道主，會議主題又是討論婦女賦權等與女性相關的各種「權利」議題，卻又進行十分嚴格的安全措施與政治檢查，因此成爲北京會議召開前最受爭議與諷刺的現象（Wang Zheng, 1996: 197）。

（二）議題範疇與各種保留和聲明

《北京行動綱要》將與女性攸關的議題劃分爲十二個領域，分別是：貧窮、教育與訓練、健康、對女性的暴力、軍事衝突、經濟、權力與決策層次、促進女性地位提昇的體制化機制、女性的人權、媒體、環境與女童（PFA: ch IV），並開宗明義宣稱「婦女賦權」是其目標（PFA: para. 1）。綜觀整個行動綱要，「性別」（gender）概念成爲整篇所不斷倡言的主要原則[7]，「女權即人權」則成爲貫穿各個領域的主軸，這些「權利」的討論也引發各國紛紛發表各詮釋和保留[8]

意見。

　　第一個概念的討論在於對「性別」一詞的詮釋。從《北京行動綱要》的附件四可以看出，為了釐清行動綱要內所指涉的性別一詞的內涵，婦女地位委員會還特別成立一個聯絡小組，針對性別一詞的意義加以研究，其結論為：

> 「性別」一詞在數個其他的聯合國一般廣泛的論壇與會議中被接受的用法已普遍地被使用與理解。
>
> 沒有任何跡象指出，任何此一詞彙有不同於先前所被接受的用法上的新意義或意涵，會企圖在《北京行動綱要》中使用。
>
> （因此，）…再度確認被使用在《北京行動綱要》中的「性別」一詞，應被詮釋和被理解為該詞彙一般、普遍所被接受的用法。（A/CONF.177/20: Annex IV）

　　雖然性別一詞的使用在《前瞻戰略》便已經出現（如paras. 46, 115, 130, 161, 167, 179），但並未特別說明其意涵；而在一九九〇年代前半期幾個重要的國際會議中，也多處使用性別一詞，但也未曾發現有特別說明或定義的文字。因此前面這段在北京會議報告中被特別解釋，卻又十分拗口且不

著邊際的說明,便顯得十分迂迴,不正面去定義其所謂的「性別」,和過去聯合國在討論男女平等時所使用的「性」(sex)有何不同之處。這種迴避式的解釋也許是為了創造模糊的空間,但仍然引起一些國家[9]對此一用語提出自己的解釋,其中又可以教廷的說法為代表:

> 性別是立基於生物基礎的性認同(biological sexual identity),男人(male)或女人(female)。…而一些根據世界上宣稱性認同可以毫無疑問地適用新的和不同目的的看法,(教廷認為)此種曖昧不清的詮釋空間須加以排除。…同時,應該切斷生物決定論認為的兩性(sexes)關係固著在一個單一中心模式的聯繫觀點。(A/CONF.177/20: ch V, para. 11)

雖然對於各個不同的女性主義派別,「性別」不必然會和「性」無關,但一般而言,性別更強調社會意義的建構,也就是女性在社會中所普遍面臨的附屬的地位,並不是生理上的缺陷,而是高下、優劣對於生物性意義的賦予,因此性別的使用,在於強調社會價值的建構。結果,性別的使用造成主辦單位(婦女地位委員會)與教廷等國家間的爭論,反映出女性主義思潮在融入主流時,所面臨的既存結構與思維

的疑慮，這並不是說性別一詞必然瓦解既存的體制與思維，
而是它開啓了不同的思考可能性。

其次引起最多國家予以保留的[10]，則是行動綱要「女性
與健康」（PFA: ch IV, Sec. C）一節中，關於女性的「性權利
／健康」、「生育權利／健康」、「無風險妊娠」（maternity
without risk）、「掌控生育及性慾上的權利」……等詞彙所
指涉的範圍的保留。這些保留的理由綜合來說，即是嚴禁這
些詞彙中所可能被詮釋成任何允許墮胎、中止懷孕、流產爲
合法手段的意涵，也絕不承認這些手段可以做爲家庭計畫或
是節育政策的一環。在這方面教廷所展現出的抗拒更爲嚴
格，表示「即便爲了進行家庭計畫或防治 HIV/AIDS 也不得
使用保險套」。同時，對於這些詞彙中可能隱含非異性戀的
婚姻與家庭組成的成分更是極力避免[11]（A/CONF.177/20: ch
V）。

第三，對女性應享有繼承權的部分段落〔PFA: para. 274
（d）〕提出保留與限制的國家[12]，都訴諸於習俗或是宗教的理
由，表示至少必須在不違反伊斯蘭律法的前提下才得以賦予
女性繼承權（Ibid）。

這些保留意見的取向和過去幾屆有一些屬性上的不同，
這些引起爭議的概念和權利保障和許多女性運動在當地國所

受到的阻礙類似，這似乎是女性主義與女性運動訴求在面對融入主流的過程中所共同面對的阻力。上述的各種保留與詮釋聲明，通常訴諸於宗教或習俗的理由，而那些備受爭議的概念或權益，則和女性對於自我身體掌控有關。女性的身體雖然一直被認為是十分私人的事，屬於傳統私領域的範疇，但對於它的用途與象徵意義，卻在此不斷地被國家以公共政策的方式介入，而這種掌控與操弄卻又巧妙地避免沾染「政治」的色彩，而以道德的、宗教的或習俗的理由來進行，從而又鞏固了傳統公私二元對立的思維邏輯。

三、北京＋5

相較上述幾個國際會議，「北京＋5」會議[13]只是聯合國大會的一個特別議程，用以反省和評估一九八五年的《前瞻戰略》及一九九五年的《北京行動綱要》在貫徹上所面臨的問題。因為它只是大會的一個特別議程，因此會期較短，也沒有非政府組織論壇的設計，非政府組織只能透過準備會議和會議召開前的工作會議來影響議程的討論。會議期間主要的討論題綱包括：男性（大人和小孩）在終結性別有關暴力上的角色；非政府組織與政府間就性別敏感的公民資格的對話；將性別觀點納入維持和平行動的主流意識[14]。這些討

論各自點出未來聯合國女性議題可能的發展方向。

第三節　性別觀點的主流化？

　　一方面透過一九九〇年代前半期關於環境、人權、人口與社會發展幾個國際會議的討論，以及北京會議所進行的彙整與闡釋的工作，「女權即人權」成為核心概念；另一方面，由於對於女性暴力行為成為女性議題中重要的討論焦點，再加上冷戰結束後國際社會的重大衝突常常暴露出性別因素所造成的不同效果，女性議題的探討因此也朝向國際政治的主流議題──戰爭與安全的方向滲入。

一、「女權即人權」──由公到私的人權規範

　　不同於一九五〇與六〇年代所著重的「權利」論述形式，主導九〇年代女性議題討論主軸的「女權即人權」（women's rights are human rights）或「女性人權」（women's human rights）的觀念，所標榜的是重新反省與闡釋「人權」的範疇。兩者最大的不同之處，在於一九五〇、六〇年代對於「權利」的訴求，乃是在傳統的公領域中賦予女性同男性一樣權利，其關心的重點在於平等，女性也是國家的「公民」，因此也應享有「公民」種種的權利。其所謂的「平

等」，是對所有人「以平等的方式對待」，即便他／她們的處境並不平等。此種一視同仁的人權觀，乃是受到西方自由主義傳統的影響，彼德森（Peterson, 1990）即指出這種人權的標準，乃是「以男人為標竿」（male-as-norm）的人權，是「西方的、自由主義、個人主義式」的人權，因此其普遍性（universality）的訴求受到很大的質疑（Bunch, 1995; Charlesworth, 1995）。

許多學者指出，此種平等觀不但無法消除男女之間在權利保障上的鴻溝，反而進一步透過「平等」的外衣偽裝了社會中男女兩性處於不平等地位的事實，並使女性所面對的結構暴力被進一步強化（Robinson, 1999; Charlesworth, 1995）。因此，講求從女性觀點來發展的人權觀，強調應該從女性的「需要」與「經驗」出發，這個訴求的前提是認為即便在同樣的社會文化脈絡下，男人與女人的生活現實，會因為其生理上的性差異及社會化建構的性別地位而有所不同，但是也承認女人彼此之間也會有差異，只是她們仍然必須面對一些類似的經驗。這些經驗包括生殖和育兒等等，其中尤具普遍性的，是各種歧視的現象和存在於家庭內和社會結構中的各種暴力的威脅（Peterson, 1990; Charlesworth, 1995; Bunch, 1995）。

　　至於一九九〇年代「女權即人權」的訴求，開始將關注的重心慢慢地從傳統的公領域中，轉移到女性特有的生活經驗方面的保障。「女權即人權」因此是對過去一視同仁的人權觀的反省，但並不是對於過去人權觀的攻擊，而是吸收了女性主義理論及運動團體所強調要從女性需要與經驗出發的觀點，對於抽象的語句做進一步的闡釋。佛利丹即指出，一九九〇年代的女性人權之所以得以形成一股潮流，最重要的因素就是使用了人權論述的方法論（1995: 26）。因此，過去許多被認為歸屬傳統私領域中的行為，長久以來為國家默示許可或是明示不干預的部分，如毆妻、婚姻強暴，或是在工作場所因為性別權力不對等關係所造成的性騷擾等，透過「對於女性的歧視」及「對於女性的暴力行為」這兩大議題的聚焦，將女性在家庭等私領域中所遭受的剝削、非人的對待，提到公共的／政治的議程上，並得以進一步為權利遭到違反的女性個人或團體，在一九九〇年代即將結束之際，提供一個向國際建制尋求救濟的機會。

（一）國際法規範的確立──女性人權法案

　　一九七九年通過的《消除對女性歧視公約》（CEDAW，又稱為《女性公約》）[15] 是第一個，也是到目前為止唯一以女性需要為宗旨所規範並具有法律拘束力的人權文件。雖然在

一九八一年即在第二十份批准書送交聯合國秘書處而正式生
效，同時第二屆與第三屆的世界婦女大會也一再地鼓吹各國
為其背書，並在十年內累積到一百個國家遞交批准書，但被
提出保留也是十分可觀，在一百一十三項保留中，實質保留
就有八十八項之多[16]（Cook, 1994: 644）。

　　在《女性公約》短短三十條的條文中，雖然只有十六條
關乎女性實質權利的條文，但它可以說是從一九五〇、六〇
年代的公民權利論述，到九〇年代女權即人權的權利論述的
過渡，這一點也可以從其成文時間看出。《女性公約》的內
容彙集了早期權利論述中對於女性各種公民權利的保障，因
而消除這些歧視的範圍，包含了政治領域中的參與、就業和
教育機會與法律地位的平等、國籍的保障，以及在婚姻與家
庭關係中的平等（第七到十六條）。但是，仍然沒有跨越到
對傳統私領域內部權利義務進行規範。

　　雖然《女性公約》仍然停留在傳統公領域中對於權利進
行規範，但它在國際法規範上的拘束力，為一九八〇年代中
後期新興的議題，奠立了女性權利在國際層面法的規範基
礎，並成為日後在擴展女性人權保障範圍的根基。

（二）「私領域」的權利討論──對女性暴力的消除

　　暴力的概念從第三屆世界婦女大會起，透過與國際和平

的連接而成爲女性議題討論的焦點；一九九二年時，女性公約監管小組確認了在《女性公約》之下，對女性的暴力行爲乃是一種性別歧視的形式（CEDAW/C/1992/L.1/Add.15）；到一九九三年的維也納世界人權會議時，才首次宣布了「女性和女童的人權是普遍人權不能讓與的、整全的及不可分割的一部分……」（維也納宣言及行動計畫：Part I, Art. 18），正式揭示了「女權即人權」的觀念。一九九三年聯大通過的《消除對婦女的暴力行爲宣言》（Declaration on the Elimination of Violence against Women）中，將「對女性的暴力行爲」的範圍、形式與手段第一次明確加以界定：

> 「對女性的暴力行爲」係指對婦女造成或可能造成身心方面或性方面的傷害或痛苦的任何基於（社會）性別的暴力行爲，包括威脅進行這類行爲、強迫或任意剝奪自由，而不論其發生在公共生活或是私人生活中。（第一條）
>
> 對婦女的暴力行爲應理解爲包括但並不僅限於下列各項：
>
> 1.在家庭內發生的身心方面和性方面的暴力行爲，包括毆打、家庭中對女童的性凌虐、因嫁妝引起

的暴力行為、婚姻強暴、陰蒂割除和其他有害於
婦女的傳統習俗、非配偶的暴力行為和與剝削有
關的暴力行為。

2.在社會上發生的身心方面和性方面的暴力行為，
包括強暴、性凌虐、在工作場所、教育機構和其
他場所的性騷擾和恫嚇、販賣婦女和強迫賣淫。

3.國家所做或縱容發生的身心方面和性方面的暴力
行為，無論其在何處發生。（第二條）

　　這兩個條文將女性所可能遭受到的暴力對待進行十分細
部的闡釋：暴力的手段不限於直接的行為，威脅使用暴力、
或不直接的侵害（自由的剝奪）也在其列；暴力的形式則包
括身體方面的、精神心理方面與性方面的；而暴力發生的場
所，除了公共的領域，如工作場所、教育機構等，也包括了
私人領域的家庭。更進一步，這個條文中將使用暴力者的設
想，不只限於個人、社會體制或是所謂的傳統陋習上，還特
別突出國家亦可能做為施暴的主體，其暴力行為的展現方式
除了積極的作為外，還包括了消極的不作為。

　　這個條文完全為《北京行動綱要》所承襲（PFA: para.
113），而在受到九○年代前半期幾個讓國際社會觸目驚心的

種種駭人聽聞的事件，包括前南斯拉夫聯邦與非洲盧旺達的內戰，種族滅絕、種族清洗與大規模且有系統的姦淫行為，戰爭與對女性暴力兩者的關係受到國際的注目，《北京行動綱要》中也進一步在討論暴力這個主題時，將武裝衝突下婦女所面對的攻擊也考量進去：

> 其他對女性暴力的行為，包括在武裝衝突狀況下女性人權的違反，特別是謀殺、有系統的強暴、性奴隸與強迫懷孕。（para. 114）
> …同時也包括強迫絕育和強迫墮胎、強制使用避孕用品、殺女嬰和產前性選擇。（para. 115）

在此，除指出私領域中的家庭暴力以及在公共場合的性騷擾現象外，國家在承平時期對內部所設定的生育政策，以及在進行軍事衝突時所產生的暴力行為都納入規範的範疇。

（三）走出國家的界線

在《女性公約》的基礎上，傳統上國家做為個人與國際間的界線開始受到修正。一九九九年年底所通過的《消除對女性歧視公約二十一條任擇議定書》（21-Article Optional Protocol to the CEDAW）[17]，允許女性個人或團體在女性公約監管小組所保障的權利受到違反時，可向聯合國提出申

訴,並促使監管小組起草女性權利違反情境的審查(UN,
2000: 75)。

雖然這項申訴權利仍然有諸多限制,其拘束力也仍有待
檢驗,但是個人與國際之間不再由國家作為封閉的界線,而
出現些許的空隙。國家的暴力行為受到譴責,其暴力使用的
合法性也逐漸受到挑戰。

二、戰爭、國際安全與女性

對於女性暴力討論其中一個重要面向,即是關於在戰爭
及軍事衝突中女性的角色。聯合國對於這樣女性的角色又分
成兩個層面來探討:一是作為戰爭暴力的受害者,二是作為
國際安全維持的決策者與執行者。前者的討論在聯合國婦女
十年期間即已出現,但焦點鎖定在對女性難民的紓困援助以
及人身安全的人道保護方面,在一九九〇年代,討論的重心
則轉移到因為武裝衝突所造成的性暴力的探討上;後者集中
在對於聯合國的安全決策與維持和平行動兩個方面,並在九
〇年代中期之後在聯合國內部形成一個具體的議題領域。

(一)戰爭暴力的受害者

女性遭受戰爭及武裝衝突所造成的暴力對待,並不是什
麼新鮮事。因軍事衝突所造成的大量的女性顛沛流離,甚至

形成國際難民的現象，也由來已久，不是二十世紀末才興起，只是長久以來被認爲是戰爭所必然引發的結果。在第二屆世界婦女大會時，相關的問題已被提出討論，然而，在武裝衝突的情況下所伴隨而來的其他暴力對待，尤其是對於婦女、女童，甚至是對被俘虜的男子進行的性暴力[18]（Pettman, 1996: 100-1），卻因爲國際社會長久以來維持著視而不見、或是習以爲常的態度，未能將其當成一種犯罪加以審議[19]。

這種漠視與無可奈何的接受，一直要到了一九九二年。前南斯拉夫內戰的內幕慢慢披露後，軍事衝突下的性暴力問題才開始爲聯合國所關注。之所以受到國際社會的關注，在於當我們認爲世界文明的發展已到相當程度，國際規範也早已將戰爭殺戮以犯罪論斷，而此種行爲還以如此大規模的方式，透過愈來愈即時的大眾媒體，展現在世人面前時，便成爲國際社群不容迴避的問題。聯合國也「必須」出面瞭解，甚至是在大國背書下主持某種正義。因此，一九九二年十二月，安理會派遣了一個專家小組（南斯拉夫小組）去該區調查違反國際人道法的情況，人權委員會也指派陶德茲·馬之維奇（Tadeusz Mazowiecki）先生擔任前南斯拉夫人權狀況特別調查員；一九九三年一月，馬之維奇迅速調遣了一組醫療專家團前往調查強暴的問題，並就波士尼亞與赫塞哥維那地

區的人權狀況調查進行報告，安理會也於其下成立了「南斯拉夫刑事法庭」（Yugoslav Tribunal），起訴在前南斯拉夫內戰期間違反國際人道法，包括施行性暴力侵害的犯罪行為，並將強暴列為戰爭罪之一（note 20）。

前南斯拉夫內戰所暴露出來的戰爭性暴力並不是單獨的個案，從一九九四年盧旺達的種族仇殺事件來看，以性暴力作為攻擊的行為並沒有減少。人權委員會所派遣的盧旺達特別調查員荷內‧丹寧賽維（René Degni-Segui）先生指出，在當地的種族屠殺期間，「強暴是有系統的，並且被大屠殺的執行者當作『武器』使用，…大量的女性遭到強暴。強暴成為規則，沒有反而是例外」（E/CN.4/1996/68: para. 16）。

前南斯拉夫和盧旺達的例子使得聯合國開始關心戰爭狀態下所帶來的性暴力問題。一九九三年，人權委員會派遣特別報告員琳達‧莎薇（Linda Chavez）女士，就戰爭期間系統化的強暴、性奴隸及類似奴隸行為（systematic rape, sexual slavery and slavery-like practices during wartime）的問題進行調查[20]；一九九四年時又派遣瑞德伊卡‧庫瑪拉絲瓦蜜（Radhika Coomaraswamy）女士廣泛地就對女性暴力的原因與結果進行調查，她的調查結果同時也包括對於第二次世界大戰期間，日本軍隊在「大東亞」地區所遂行的慰安婦制度

的調查報告（E/CN.4/1996/53/Add.1），以及一九九七到二〇
〇〇年間在武裝衝突期間，由國家所執行對女性暴力行為的
調查（E/CN.4/2001/73）[21]。

　　這些報告都指出，在戰爭中的性暴力行為並不是偶發的
個人行為，而是戰爭國家與政權所允許，甚至是上層授意的
行為。馬之維奇在調查前南斯拉夫地區的人權狀況的報告中
指出，強暴被當成種族清洗的工具，「其目的不僅僅是對受
害者個人的攻擊，而且是要讓整個族群團體感覺羞辱、恥辱
和恐懼的手段」（E/CN.4/1993/50: para. 85）。前南斯拉夫並不
是唯一的特例，聯合國的各特別調查員的報告都顯示性暴
力，尤其是強暴行為，普遍存在於各種戰爭與軍事衝突中，
它是戰爭工具、宣傳與政策的一部分（E/CN.4/1996/68;
E/CN.4/1996/53/Add.1; E/CN.4/2001/73）。根據庫瑪拉絲瓦蜜
的解釋，這些以性為攻擊的行為，其動機是用來當作戰爭的
武器，使受害者與所屬群體倍感羞辱與無助，用以懲罰、威
嚇、強迫與羞辱交戰的對方；系統化與故意使用強暴行為的
另一目的，是要讓對方人民心生恐懼而自動離開，而成為其
戰爭宣傳的武器；強迫懷孕與妊娠，則是用來羞辱與「稀釋」
對方族群團體的策略；這些性暴力行為所達成的象徵效果，
即是藉此彰顯其男子氣概（E/CN.4/1995/42: para. 275-81），

並且是以最快的速度摧毀對方群體男性的方法，用以「閹割」和羞辱他們的敵人（Pettman, 1996: 97-100; Steans, 1998: 101）。

　　在降低與消除軍事衝突下的性暴力行為上，這些報告所提出的主要方法是透過將這些行為入罪化，明定其為戰爭罪的一種，透過法律規範的設定，設立軍事與刑事法庭來追訴個人與國家的刑事與民事責任，並建立起保護受害者的種種規則。

（二）國際安全與和平的維持者

　　女性和戰爭的另一個關係，即是作為軍事參與的主體，不論這個軍事參與的目的是主動或被動。在傳統性別化的權力分工之下，女人被排除在軍事體系以及安全決策之外（Peterson & Runyan, 1993: 79-91）。據聯合國秘書處一九八九年所公布的調查顯示，大會中主管裁軍與國際安全事務，且是聯合國中關於國際和平相關決策的互動論壇的第一委員會，其組成代表中女性平均僅占7.9%（E/CN.6/1990/5: para. 347）。另一方面，對於聯合國在國際安全方面唯一比較具有主動性質設計的維持和平行動（Peace-Keeping Operation, PKO）的性別組成的分析中顯示，總計從一九五七年第一次的維持和平行動到一九九二年為止，女性參與人員的比例約

莫僅占 1.1%[22]。

　　從一九九〇年代中期以降，聯合國對於其下主管軍事與安全領域中的性別比例不平衡的現象，開始進行討論與反省。一九九四年，秘書處特別向大會指出，在聯合國的各項任務中，女性所占比例的目標爲50%，並告知各國維和部隊歡迎女性士兵的參與（A/50/691: para. 59）；翌年的《北京行動綱要》中也表示要在聯合國內部解決衝突的決策層次中增加女性的數量（PFA: para. 142），同時在維持和平與預防外交等領域中增加女性的參與〔144（c）〕。

　　在聯合國提昇女性地位部門（UN Division for the Advancement of Women）所做的研究報告中指出，女性加入維持和平行動所造成的不同效果包括：第一，女性的維和人員會將注意力特別放在人權及性別議題上，因此對於動員駐紮國當地的婦女起著正面展示的效果；第二，女性的維和人員在進行調停時不傾向使用武力，而較願傾聽和學習，並在當地促成一股道德和穩定的環境，因而有利於和平的進程；第三，女性的出現似乎可在當地人民之中形塑一股信心和信賴的感覺；第四，女性是成功的談判者，積極提出各種具有建設性的解決方案，並常提出新穎的、非正統的方式來降低暴力的發生，有助於建立處於對抗兩極團體之間的對話；第

五，女性的參與有助於打破對於派駐國與駐紮國當地對於女性的傳統觀點與刻板印象（note 21）。

另一個新的變化即是在二○○○年十月，安理會特別安排了兩天「女性、和平與安全」的辯論[23]。會後並達成十八點意見決議（S/Res/1325），決議的內容大致有三類：第一，要求會員國及聯合國秘書處增加在衝突解決、和平進程、和平維持以及預防外交等領域中的女性，在研議、決策以及執行等層面的數量與份量（Ibid: para. 1-4, 17）；第二，主張在維和行動、和平談判、安理會的各項任務和解除武裝的各項計畫中，納入性別的觀點與女性的需要（paras. 5, 6, 8, 13-15）；第三，關注在武裝衝突下難民的安置、性暴力的現象，以及其他違反人道精神的戰罪責任（paras. 9-12, 16）。

從這些報告與建議來看，正如同一九五○、六○年代在思考女性的公民權利與一九七○、八○年代在思考女性與經濟發展的關係時一般，第一步所想到的即是要將女性加入到該領域中，所不同的，此時順便一起將對「性別觀點」的意識一起帶入。然而，將女性在數量上、職等上納入軍事安全等相關決策階層或作為軍事行動的主體，並不必然意味性別化的權力分工所造成的性別效果得以改變。根據許多學者的研究指出，女性居於領導階層或是加入軍事體系、扮演戰鬥

角色，常常無助於轉化軍事體系中的性別化結構，在決策層次的女性領導人也不必然就意味著社會中性別化分工的現象得以改變[24]（Enloe 1993; Peterson & Runyan, 1993: 79-81）；但是他們也不得不承認，在這些傳統以男性為主導的領域中「加入」女性的聲音，仍然是改善當前偽性別中立的必要方法之一。

總結上述各種事件，一九九○年代聯合國的女性議題，開始進一步向其他議題領域擴散，包括屬於經濟社會領域的環境保護、人口成長、社會發展、人權保障等議題，至少都開始意識到性別因素作為一個關心的面向；在二十世紀即將結束之際，掌管國際安全和平維持的安理會，也第一次出現了對於女性在該領域中的角色與所受的影響進行評估、研究與辯論，女性議題第一次在聯合國正式跨出經濟社會領域，透過女性與維和行動，以及女性與暴力兩個議題進入到與軍事安全相關的範疇中。

其次，女性主義所強調的性別的概念，開始廣泛地出現在上述各種議題中，將性別概念納入主流社會的想法已取得某種正當性地位。然而，性別一詞的納入，並不一定表示其內涵也得到廣泛的認同。從第四屆世界婦女大會的報告中，可以看出性別一詞的內容成為一個充滿模糊、詮釋的空間，

這個空間的創造與壓縮，顯示出女性主義與女性運動在訴求進入主流社會、主流思潮時所面臨的定義權與發聲權的爭奪。

同時，在免於受到一些「政治性」議題的「干擾」後，最大宗的反對意見卻集中在一個傳統上就被認為是女性議題所關切的領域，即女性是否有完全決定其身體主導權的部分。許多以宗教理由為名對於女性身體自主權的限制，也正反映出女性的身體的確是作為國家政策干涉的場域。

整體來說，一九九○年代女性議題的論述主軸又再度回到「權利」的範疇，只是此時所訴求的「女權即人權」乃是透過重新詮釋「人權」的概念，將「人權」的普世性定義打破，不再囿於公民權利的基調，開始在傳統公／私領域之間游移。對女性暴力行為的討論進一步揭露國家除了保護者的角色外，也會是性別暴力的直接或間接的加害者，國家施行暴力的合法性遭到挑戰。此時對於戰爭暴力中的性別因素的關注，和一九七○、八○年代女性議題在討論同一主題的關注方式卻有顯著的不同：在一九七○、八○年代，女性和國際和平的關係雖然透過暴力的概念加以聯繫，但大體上是先關注屬於高階政治的政治安全議題，才進一步將女性在這些領域中的處境與遭遇提出來加以討論；但是一九九○年代的

討論，卻因為性暴力的行為成為集體大規模的國家行為被先注意到，聯合國等國際建制與政治強權，才在國際輿論的壓力下，介入這些被劃歸為區域的、一國內部的（內戰）事務，因此是性別因素、性別效果先被突顯，這些問題才成為國際政治主導勢力與國際建制所不得不處理的問題，也因此得以進一步透過國際立法的方式賦予女性個人向國際組織就性暴力、性歧視等行為提出申訴，這也是在既存結構所進行比較實質層面的調整，不過實際的效果仍然有待觀察。

註釋

1 「從女人的眼睛看世界」（Seeing the World Through Women's Eyes）
乃是第四屆世界婦女大會非政府組織論壇的標語，它彰顯了在各個
領域中賦予女性觀點的可能性。強調從不同的觀點來理解國際現
實。

2 舉例而言，維持和平行動（Peace-Keeping Operation, PKO）做爲聯合
國調解國際衝突、維持國際安全的一個重要機制而言，從一九八八
年之後，不但在數量上有所增加，且在行動的內涵上也從過去的緩
衝性、不干涉的中立角色朝向介入戰事的調停與全面性的重建的方
向進行，使得聯合國的政治性角色較之冷戰時期有更吃重的地位。
參見楊永明（1997）。

3 關於下面討論的各種特色，可參見《二十一世紀議程》的第二十四
章、《維也納宣言與行動計畫》的諸多段落（如第3、37-44）、國
際人口與發展會議《行動計畫》的第四章，與《哥本哈根社會發展
宣言》……等。

4 根據 Wang Zheng（1996: 196-8）的觀察，當中國爭取到主辦權就立
即開始在北京籌備會議場地與周遭設施的建設，然而到了一九九五
年初，由於中國領導人在一些國際會議中遭受人權團體的示威抗
議，便開始憂心第四屆婦女大會的非政府組織論壇可能會有參與團

體對於中國政府的示威,中國當局於是以原來預定當作九五論壇的場地老舊、結構有問題為由,在離會議召開時間不到半年的時間,將九五論壇移到距離北京約三十公里的懷柔縣舉行(〈張百發:非政府組織論壇會場易地——世界婦女大會主要會場不變〉,聯合報,84.4.7,7版)。但一般論者都認為此舉在於避免一些同性戀與倡導性交易的婦女團體,以及其他可能在北京出現對中國政府的示威活動。結果,整個會議期間,並沒有對中國政府的示威活動,反而出現了對抗美國帝國主義者的示威活動。

5 參見〈世界婦女大會:中共刁難我友邦赴會——迄未發給中美洲七國代表簽證,外交部譴責北京不遵守國際規範〉,中國時報,84.8.25。

6 參見〈中共阻撓台灣、西藏參加北京世界婦女大會——歐洲議會不滿,提議更改主辦國〉,自由時報,84.6.1;〈申請參加世界婦女大會被拒入境——呂秀蓮今將聲明譴責中共〉,中國時報,84.8.24,9版。

7 《北京行動綱要》在每個領域的陳述上,都是先對各領域中所產生對於女性而言具有特殊不利影響的性別效果加以理解,繼而在目標及策略的採取上,也儘量強調在政策設計與決定之時就應先以性別為基礎考量。同時可看出其中對於女性地位的提昇,著重在女性潛力的開發與培養,也較少出現為了國家發展與社會經濟需要目的的

句子。因爲整個行動綱要都以此種形式陳述，本文就不再詳述其內容。

8 共有55+1（其一爲巴勒斯坦爲觀察員）提出保留、詮釋或聲明，參見A/CONF.177/20: CH V。

9 根據第四屆婦女大會的報告，瓜地馬拉、巴拉圭、教廷三國都特別針對"gender"提出意見，三者意見類似，其中又以教廷的說法更爲廣泛與細緻。

10 包括阿根廷、多明尼加、瓜地馬拉、宏都拉斯、伊朗、伊拉克、馬爾他、委內瑞拉、巴拉圭、馬來西亞、教廷、秘魯。

11 報告中指出教廷、馬來西亞、秘魯都明確表示sexuality的權利僅指涉異性戀關係，不包含同性戀；而教廷、馬來西亞、伊朗也宣稱「家庭」、「個人與配偶」只能指稱基於傳統由男女／丈夫與妻子透過合法婚姻關係所組成。

12 包括埃及、伊朗、伊拉克、利比亞、茅利塔尼亞、摩洛哥。

13 一九九七大會決議在二○○○年召開一高階議程（GA Res. 52/100, 52/231），即二○○○年六月五～九日於紐約聯合國總部召開的「二○○○年婦女：二十一世紀兩性平等、發展與和平（北京＋5）」〔Women 2000: Gender Equality, Development and Peace for the 21st Century,（Beijing＋5）〕。「北京＋5」中文全名應爲「北京會議五周年特別會議」。這種五周年特別會議似乎在一九九○年代下半期

成爲風潮，其餘還有維也納+5（1998）、伊斯坦堡+5（2001）等。

14 參見http://www.un.org/womenwatch/daw/followup/panels.html。

15 一九八二年設立了由二十三名專家組成的女性公約的監管小組，縮
寫亦爲CEDAW。其職能在於監督接受《女性公約》的國家其義務
的履行與對於公約內容的貫徹，並可就各相關議題現象提出建議。

16 剩下的二十五項則是對爭端解決機制條款（第二十九條）的保留。
在此，本文嘗試專注於此一公約所彰顯出與過去關於「權利」論述
的特別之處；至於《女性公約》保留條款法理上的分析，可參閱
Cook（1994）。至二〇〇〇年十月，一百六十八個國批准或接受該
公約，簽署但未批准的國家有三（阿富汗、聖多摩與普林斯、美
國），參見 *Status of Ratification of the Principal Human Rights
Treaties*（22 Oct. 2000）。

17 也有稱其爲《二十一條增修草約》。一九九九年十月六日獲聯大通
過（A/54/4），規定在獲得十國批准或接受後三個月起生效。二〇
〇〇年十二月二十二日該議定書正式生效，共有十三國批准（奧地
利、孟加拉、玻利維亞、丹麥、法國、愛爾蘭、義大利、馬利、納
米比亞、紐西蘭、塞內加爾、斯洛伐克及泰國），參見〈兩性平權
里程碑——聯合國將受理性別歧視、性騷擾申訴案〉，《明日報》
（http://www.ttimes.com.tw/2000/12/24/global_news/200012240023.ht
ml，2000/12/24）；一年後，簽署的七十個國家中，有二十七國已

經批准或接受了該議定書，參見 *Status of Ratification of the Principal Human Rights Treaties*（22 Oct. 2001）。

18 性暴力的內容十分廣泛，大致包括強暴、性器官的切除（sexual mutilation）、性羞辱、性奴隸、強迫賣淫、強迫懷孕與強迫妊娠等。

19 參見 *Sexual Violence and Armed Conflict: United Nations Response*。史坦絲指出，這一類的戰爭暴力行為之所以常久以來被主流社會視而不見的原因，乃是因為傳統國際關係對於暴力的探討，在於國家間的直接暴力行為，研究的核心是「國家認可的暴力行為」（state-sanctioned violence）（Steans, 1998: 98-9）。

20 初步調查結果為 E/CN.4/Sub.2/1996/26（16 Jul. 1996），終結報告 E/CN.4/Sub.2/1998/13（22 Jun. 1998）則由 Gay J. McDougall 女士提出。

21 其調查報告還包括 E/CN.4/1995/42（22 Nov. 1994）與 E/CN.4/1998/54（26 Jan. 1998）。

22 一九五七到一九八九年的軍事維和行動中，相較於二萬六千多名的男性人員，女性只有二十五名；一九八九到一九九二年相對於將近一萬七千五百多名的男性人員中，女性也只略提昇為二百二十五人，參見 *The Role of Women in United Nations Peace-keeping*（Dec. 1995）。

23 此乃聯合國歷史上，安理會第一次花了整個議程（session）就女性
在衝突中與衝突後的經驗，以及其對和平的貢獻進行辯論，參見
"UN Security Council Calls for Global Assessment of Impact of War on
Women"（http://www.undp.ort/unifem/pr_unseccounl.html，
2000/12/18），及 "Women's Rights and International Peace"
（http://www.un.org/events/women/2001/background.htm，
2001/10/30）。

24 關於軍事體系的建構以及與性別的關係，可參見Elshtain（1987）、
Peterson & Runyan（1993: 79-91）、Steans（1998: 89-98）；關於掌
握權力、身處權力核心的女性為何未（能）去改變傳統觀念下的性
別化不平等現象，可參見Peterson和Runyan（1993: 69-73）。

結論

邊緣人發聲的結果
——「加入女性」的論述邏輯

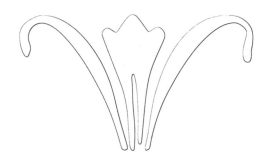

　　處於國際政治討論題綱的邊緣位置，聯合國女性議題的發展脈絡，提供我們思考這個邊緣位置是否改變的觀察空間。

　　從聯合國成立時所面臨對女性議題專責機構的定位，以及憲章條文設定的辯論，可以說是對於應否將女人在社會上所遭遇的性別問題放到國際政治的層面中加以討論，使得女性議題得以在國際政治議程中「扶正」成為一個議題領域的關鍵；接著，不論是一九五〇、六〇年代對於女性「公民」權利保障所進行的國際立法運動，一九七〇、八〇年代從國際經濟秩序與國際和平議題來反省女性與發展、女性與和平的關係，或是一九九〇年代以「女權即人權」為軸線在各種多樣化的議題領域中納入性別概念的努力，都在在彰顯了此一邊緣發聲後的演進過程。

　　毋庸置疑地，促成女性議題成為國際政治議題的一部分，絕大部分必須歸功於各種國際、區域與各國國內女性團體的努力，從而得以破除對女性主體參與國際政治的漠視與刻板化的印象；當然，女性對於國際政治的參與，不僅止於被設定為屬於國際政治領域議題的討論，同時也包括在許多不被認為具有議題討論重要性的各個層面中。另一方面，占據國際社會中不同發展與權力位置的國家，因其結構位置的

差異所引起的爭論，也透過聯合國本身所具備的國際論壇的角色，而「外溢」到女性議題的討論上，從而導致女性議題與傳統政治議題之間剪不斷、理還亂的爭論；這些爭辯與討論也回饋給許多的女性團體，並促使聯合國及其周邊組織機構必須對此有所回應。由此可見，在聯合國下女性議題的討論，成為各種勢力競逐之地，尤其是一九九○年代以後將性別概念納入主流議程的觀念獲得某種發聲的正當性，也形成對既存結構的威脅，因此在北京會議中，可以看到對於性別內容詮釋權的爭奪。

然而，從女性議題在聯合國體系下的發展來看，邊緣議題發聲所獲得的主要回應，始終扣合了「加入女性」這樣的思維，包括早期的公民權利保障的立法、其後婦女參與發展的論述策略，以及要在維持和平行動中增加女性的參與……等。這並不是表示「加入女性」是聯合國女性議題討論的唯一觀點，但我們卻可以說，「加入女性」是既存建制在面臨新的議題範圍出現時，所優先選擇的回應方式，也是許多女性運動在看待女性與傳統政治領域之間關係時，所提出的首要訴求。此外，女性議題的討論內容也跨越了傳統公私領域的界線，從過去公領域中的公民權利規範、經濟發展政策的需要，到私領域中家庭暴力的撻伐；從國家作為個人與國際

的仲介，到個人可以在某種程度上向國際組織提起申訴。因
此，可以說女性議題的發展，在議題探討的層面也面對了傳
統公私領域劃分的問題。

首先，在面對女性在國際上缺少發言機會的現象，不論
是將女人加入（add in）、帶入（bring in）、或是整合入（inte-
grate into）既存建制，尤其是政策制定與決定層次的呼聲，
毫無例外地存在各個時期的女性議題討論中，這樣的思考與
策略一般都被歸類為自由主義傳統的思考（胡傳榮，2000；
Steans, 1998: 160-4），但這樣的訴求同時也面臨了許多的質
疑。這些質疑反映女性主義在涉入公共／政治事務的兩個重
要面向，即女性的代表是否就真的反映了女性的利益？同
時，女性進入權力階層的意義何在？

第一種質疑認為「加入」的概念進一步證明了傳統上認
為女人原來沒有參與國際政治運作的看法，從而等於確認了
傳統的公／私二元分立的觀點；其次，由於對於女性在社會
上普遍遭到壓迫的理解，不僅僅只是因為男人坐在決策的位
子上，問題更在於整個體制與觀念影響了決策者的選擇範
圍，因此第二種質疑便指出，就算女性進入決策階層，但是
結構與意識形態並不必然就因此得以轉變。第三種質疑則在
於代表性的問題。在前面的章節中，我們可以發現女性群體

本身是一個充滿異質性的集合，仍然可以再分割成許多次群
體，這些小集合雖然都歸屬在「女人」這個範疇中，但對於
這些代表是否就代表了「女人」，則不無疑問。這其中尤其
是透過階級、種族、族群所做的切割，彼此之間認知上的對
立有時比共識更大，也因此在將「女人」作為一個政治群體
來訴求權利／權力時，反而暴露出「女人」內部本身的矛盾
與衝突，例如，來自非洲的女性主義學者斐羅明娜·史泰迪
（Filomina Chioma Steady）就曾指出：「不能只將男人視為
唯一、普遍的壓迫者，女人也可被看做壓迫者的夥伴，甚至
有潛力成為首要的壓迫者」（Johnson-Odim, 1991: 321）。因
此，數個女性代表得以在公領域的發聲，並不見得就一定保
證了由許多次集合所組成的「女人」的利益必然獲得代表，
因此，「加入女性」就會意味「女人」發聲則不無疑問。

　　對於上述的第一種質疑，本文認為，「加入」的概念雖
然意涵了女性原本不在一般所認知的國際政治關係中，從而
接受了公／私二元分立的預設，但是我們也必須承認，「加
入」作為一種策略的運用，仍然對原來由男性主導的公共／
政治領域有一定的效果。任何一個同意女性本來就存在國際
政治中，並且自覺或不自覺地支撐了、影響了國際政治運作
的論述，也必然同意在傳統國際政治的對話空間中缺乏性別

意識、缺乏「女人的聲音」的現象。「加入」在效果上可以
突顯在政治決策階層，以及長久以來被認為由男性壟斷的政
治、軍事領域中兩性比例懸殊的現象，但是該概念本身的預
設無法促成既存結構在本質層面的改變。因此，「加入」做
為一種策略性的運用，其重要性在於得以突出傳統被認為屬
於公共／政治／國際的領域中性別意識的缺乏，和男性與陽
剛特質的主導的現實與認知。當少數的女人出現在一群西裝
畢挺的「政治人物」之間進行所謂的政治互動時，她（們）
本身也許並沒有要去挑戰既存的結構，但由於她們本身的存
在，才有可能讓人們得以意識到性別也存在這些領域之中。
舉一個貼近我們生活的例子，當呂秀蓮於二○○○年就任副
總統後，由於她個人作為台灣早期婦運的倡導者與強勢的政
治風格，使得一般人對於備位元首與女性副手的既定想像受
到挑戰，也因此引起許多爭議，從而社會大眾在議論這些爭
議時，也隱然對於性別與政治之間的關係進行許多的思考。

　　至於代表性的問題，牽涉了兩個層面，一是代表制度的
結構因素，一是代表者與被代表者之間是否具有必然的聯
繫，這兩個問題可以說是一體兩面，相互牽連。就後者而
言，被代表群體之間的異質性與代表者之間關聯的疑慮，存
在每一種代表制度中，女性的代表不必然反映了她所宣稱被

代表者的利益，然而女性代表女性在很大程度上是具有正面的意涵（Mansbridge, 1999），同時女性群體的切割也可以分割至無限，問題的關鍵因此在於代表被既存結構制約的疑慮，這也可以說是女性主義在鼓吹要讓更多的女性涉入傳統公共／政治領域所必須嚴肅面對課題。

因此，「加入」的問題就集中在上述的第二種質疑，即如何解決既存結構與體制的制約，這一點可能是「加入」思維所面臨最難以回答的問題。即便是在女性主義光譜位置上被認為屬於自由主義傳統的佛利丹也承認：「『置身其間』的誘惑——實際或只是幻想主動地參與政治的決策，而非只是被動的棋子——可以使最熱衷的女權分子一旦被選上或派任時，便對婦女權利保持緘默」（1986: 214）。因此，透過「加入」的論述邏輯讓女性進入傳統公領域時，所面臨的危機即是她們是否因此為男性主宰的霸權與結構所收編。

彼德森與如揚將這種現象歸因於性別層級二分下權力結構中的陽剛性質所致。她們指出，女性要進入既存的權力階層有兩種方法：一是符合傳統陰柔的女性角色，扮演輔助者、或是所謂的「柔性領導者」（soft leaders）的角色；另一個方法即是要能符合傳統上對於權力領導者的形象——意即要比男性的領導者更像男性領導者，以顯示其有能力，甚至

更足以擔負起男性領導者所擔負的工作。在這兩個晉升權力階層的方式下，女性立身於權力結構中的意義又再度無法得見（Peterson & Runyan, 1993: 69-71）。以實若利在評價各國出席世界婦女大會的女性代表時也指出，那些得以對所屬社會發揮影響力，並已經成功地穿透男性的權力核心的女性，即便她們在所屬的社會上占據了為女性利益發聲的最佳位置，但是仍然處於此種權力核心的邊緣。在權力上，她們依然需要依靠男人。此種位子的獲得，在於她們通過了忠誠的測驗，且其行為對於原來的結構而言，必須是可靠和可預測的，因此其異議的獨立精神在其政治生命的考量下常常會被暫時或永遠地放到一旁（Izraeli, 1981: 783）。

如此一來，如果女性在進入既存的結構，就會受到結構與體制的制約，則長久以來鼓吹讓更多的女性進入決策階層的意義何在？面對這種兩難的情況，學者指出，雖然女性進入體制的方法及進入體制後的結果常常會受到體制的制約，但是基本上仍然肯定讓更多的女性擔任決策階層的職務，也鼓勵在政治事務上更多女性代表的出現。愈多的女性參與政治，尤其是在與傳統國際關係、外交系統、軍事體系的代表、決策及執行階層有更多的女性加入，一方面愈能突顯原來決策階層中男女比例不均衡的現象，另一方面也讓更多的

女性有接近更多資源的機會。但重要的是，必須認知到「加入」不是唯一的方法，它作爲策略性的運用可以達到突顯性別被漠視的現象；然而更關鍵的是要進行觀念層次、認知層次的改變，但促成觀念層次改變的動力之一，就是必須不斷地去推翻對於國際政治與權力的性別分工的既存圖像，期待此種量變的結果得以讓質變發生的可能性增加。

聯合國體系下女性議題發展的另一個值得反思的問題，在於此一發展對於傳統公／私領域二元分立觀點的影響。基本上，這個問題必須從女性議題發展的各個階段分別來看，因爲在不同的時空脈絡下，女性議題的討論對於公／私分隔的二元分立的觀點有不同程度的回應。

在議題的實際發展上，女性議題之所以成爲一個議題，剛開始也是作爲酬謝、安撫的工具，並沒有事先存在著去挑戰既存結構的意圖，一直到一九六〇年代結束前，女性議題的討論也局限在傳統公領域下各種公民權利的賦予，而且女性公民權利的賦予，通常被看成一種進步社會的表徵以及經濟發展的需要，這一類的論點常成爲背後支撐這些權利規範正當性的理由，同時女性公民權利的內涵也以比照男性的方式來給予。因此，在傳統公領域中爲女性開闢一部分正當化的空間的同時，仍然將家庭中的事務視爲女性的義務與責

任，進入公共領域只是女性在傳統私領域的家庭中責任的延伸。因此，在這個階段，女性議題的討論並沒眞正反省到傳統公／私二元分隔與對立的問題，充其量只是開闢了女性進入傳統公領域一條「合法」的途徑，至於那些被留在私領域中的事務與問題，仍然被認爲是「非政治的」，未能進入公共討論的範疇。

從一九七〇年代以降，聯合國女性議題的討論在二個層面上觸碰到既存的公／私界限：一個是把本來歸屬在家庭中的事務拿到非家庭的社會層面加以討論，另一個則是原本被摒除在非政治領域中的社會問題，進入了政治層面來進行資源的再分配。

這兩個層面的發展同時存在。一九七〇到八〇年代中期，世界婦女大會中興起了對於家務勞動以及對女性暴力問題的討論，使得傳統被歸屬於私領域的家庭事務進入了公共／社會的領域。一方面透過將女性納入既存經濟結構（即「婦女參與發展」策略的思考），至少部分地開始反省女性的「傳統」角色所蘊涵的經濟意義，並嘗試賦予育兒與家務勞動較高的社會價值，以及提出男性在家庭中的責任；另一方面，國際經濟新秩序觀念的再三強調，國際與國內資源重分配的呼聲不斷被提起，加上和平也成爲女性議題討論的主題

之一，使得和平的討論超出了國家與國家之間的行爲交往，而透過和平內涵的闡釋，藉由反對暴力的宣誓，將家庭暴力的問題跨越家庭進入了非家庭的社會議題，也因爲聯合國所造成的政治性色彩與效果，而促成了女性議題的討論沾染了傳統政治議程的色彩，從而產生了政治化對於女性議題討論是否帶來正面意義的爭論。

雖然這些爭論並不是有意識的去挑戰傳統的公／私劃分，但是這條區隔家庭與非家庭、社會及國家的界線，在此不再是那麼地斷然割離，一些過去被認爲停留在家庭與社會中的事務和國際政治之間的關係，也開始變得不是那麼不可想像，只是這些新的關聯並沒有獲得足夠的注意。議題的討論雖然從公民權利跨入了家庭中一些行爲現象的探討，但是既存結構在實質層面並沒有對此做出回應。

暴力所引申出來的各種議題到了一九九○年代成爲焦點，尤其是聯合國開始將注意的焦點放在因爲戰爭等軍事衝突所引發的性暴力現象，這一方面使女性議題的討論從經社理事會跨越到安理會，正式從經社議題邁入傳統國際安全議題的一部分；另一方面，也爲這些層出不窮的暴力與歧視的現象設立了國際申訴的程序規範。這些發展所反映出來的另一個現象，即是國家作爲保護者的角色受到質疑，尤其是國

家在國內與國際上許多以國家之名的行為，對於女性所造成的「合法性」暴力，其「合法性」受到挑戰，國家作為性別暴力的執行者與促成者的角色，開始受到譴責。這些發展揭露了劃定傳統公／私、國際／國內之間僵固界線的虛構，也開始嘗試在既存結構中尋求實際的改變，這尤其反映在提供女性在受到歧視與暴力行為時，擁有一個可向國際發聲空間的立法保障。

女人、性別與國際政治之間的各種關係與可能性，仍然是一個極待研究開發的領域。透過愈來愈多的女性進入到傳統國際政治的舞台上，以及愈來愈多從性別的觀點來檢視國際社會的運作，才有可能造成更多不同觀看國際關係的方式。從女性議題在聯合國下的發展來看，當女性議題在聯合國的政治議程上取得存在正當性之後，且不論其獲得此種正當性的理由與目的，是不是在破除國際政治陽剛性質，它實際上創造了一個論述的空間與可能性。其後女性議題內涵與範圍的發展，成為既存勢力與新興聲音的競逐場域；不同議題的提出，反映了當時國際社會所關注的議題取向，有時也意外地影響並拓展了女性議題的討論方向。由於本文只針對女性議題發展的方向、趨勢與回應進行探討，因此無法顧及各個議題細部內容的討論，其背後所隱藏的體系化的建構邏

輯也只能點到為止。不過期望在這樣的討論，多少得以補充
國內在這方面研究的缺乏，並藉由突出此種議題在國際政治
議程上的存在與發展，提醒讀者在國際政治、國際關係中，
「性別」作為一個討論面向的實在性，並能在國際現象和國
際議題的討論中，意識到女人的位置何在，或者是在一些看
似純女性的議題中，察覺到國際政治的面向。

參考書目

一、專著及期刊論文

(一) 中文部分

Alfredsson, Gudmundur and Asbjorn Eide 編，中國人權研究會組織譯（1999），《〈世界人權宣言〉：努力實現的共同標準》。四川：四川人民出版社。

Friedan, Betty 著，謝瑤玲譯（1986/1995），《第二階段：追求兩性真平等》。台北：月旦。

Schwarzer, Alice 著，顧燕翎等譯（1984/1986），《拒絕做第二性的女人：西蒙‧波娃訪問錄》。台北：婦女新知。

Tong, Rosemarie 著，刁筱華譯（1987/1996），《女性主義思潮》。台北：時報。

仉乃華（1995），〈婦女與發展：理論、實踐與問題〉，收錄於鮑曉蘭編，《西方女性主義研究評介》。北京：三聯，頁203-43。

丘宏達編（1996），《現代國際法參考文件》。台北：三民。

林心如（1998），〈聯合國與女性人權〉，《新世紀智庫論壇》第四期。參閱「台灣婦女資訊網」（http://taiwan.yam.org.tw/womenweb/papers/united.htm，2000/12/8）。

周嘉辰（2001），〈命名風波：從「女人」作爲政治範疇談女性
　　主義的政治觀〉。國立台灣大學政治學研究所碩士論文。

洪丁福（1996），《國際政治的理論與實際》。台北：啓英文化。

胡幼慧（1996），〈轉型中的質性研究：演變、批判和女性主義
　　研究觀點〉，收錄於胡幼慧編，《質性研究：理論、方法及
　　本土女性研究實例》。台北：巨流，頁7-26。

陳佳慧（1997），〈人權發展史中的女性人權〉，國立台灣大學三
　　民主義研究所碩士論文。

閔冬潮（1991），《國際婦女運動——1789-1989》。河南：河南人
　　民出版社。

黃毓秀（劉毓秀）（1990），《XY之間》。台北：聯經。

楊永明（1997），〈聯合國維持和平行動之發展：冷戰後國際安
　　全的轉變〉，《問題與研究》，36（11），23-40。

謝蘐倫（2000），〈誰的婦女政策？我國婦女政策中的「婦女」
　　論述分析〉，國立台灣大學政治學研究所碩士論文。

蘇秀法（1980），〈聯合國「世界婦女大會」與女權運動〉，《問
　　題與研究》20（1），65-74。

蘇紅軍（1995），〈第三世界婦女與女性主義政治〉，收錄於鮑曉
　　蘭編，《西方女性主義研究評介》。北京：三聯，頁19-54。

顧燕翎編（1996），《女性主義理論與流派》。台北：女書店。

（二）英文部分

Ahmed, L. (1981). Comments on Tinker's 'A Feminist View of Copenhagen'. *Signs, 6*(4), 780-3.

Allan, V. R., Margaret, E. G. and Persinger, M. E. (1995). Orld Conference of International Women's Year. In Winslow (ed.), 29-44.

Anderlini, S. N. (2000). *Women at the Peace Table: Making a Difference.* New York: UNIFEM. Available on http://www.undp.org/unifem/public/peacebk.pdf

Arneil, B. (1999). *Politics & Feminism.* Oxford: Blackwell.

Ashworth, G. (1982). The United Nations 'Women's Conference' and International Linkages in the Women's Movement. In Willetts (ed.), 125-45.

Backman, P. R. and D'Amico, F. (eds.)(1994). *Women, Gender, and World Politics: Perspectives, Policies, and Prospects.* Westport: Bergin & Garvey.

Barnett, M. (1990). High Politics is Low Politics: The Domestic and Systemic Sources of Israeli Security Policy, 1967-1977. *World Politics, 42* (4), 529-62.

Beckman, P. R. (1994). Realism, Women, and World Politics. In Beckman and D'Amico (eds.), 15-27.

Boulding, E. (1992). *The Underside of History: A View of Women Through Time, vol. 2 (Revised Edition)*. Newbury Park, CA: Sage.

Bowker, M. and Brown, R. (eds.)(1993). *From Cold War to Collapse: Theory and World Politics in the 1980s*. Cambridge: Cambridge University Press.

Brock-Utne, B. (1985). *Educating for Peace: A Feminist Perspective*. New York: Pergamon Press.

Brown, S. (1988). Feminism, International Theory, and International Relations of Gender Inequality. *Millennium, 17*(3), 461-75.

Bunch, C. (1981). Comments on Tinker's 'A Feminist View of Copenhagen'. *Signs, 6*(4), 787-90.

Bunch, C. (1995). Transforming Human Rights from a Feminist Perspective. In Peters & Wolper (eds.), 11-7.

Bunch, C. and Fried, S. (1996). Beijing'95: Moving Women's Human Rights from Margin to Center. *Signs, 22*(1), 200-4.

Çağatay, N. Grown, C. and Santiago, A. (1986). The Nairobi Women's Conference: Toward a Global Feminism? *Feminist Studies, 12*(2), 402-12.

Çağatay, N. and Funk, U. (1981). Comments on Tinker's 'A Feminist View of Copenhagen'. *Signs, 6*(4), 776-8.

Charlesworth, H. (1995). Human Rights as Men's Rights. In Peters and Wolper (eds.), 103-13.

Chatfield, C. (1991). *The American Peace Movement: Ideals and Activism*. New York: Twayne Publishers.

Chen, M. A. (1995). Engender World Conferences: the International Women's Movement and the United Nations. *Third World Quarterly, 16*(3), 477-93.

Chow, E. Ngan-ling(1996). Making Waves, Moving Mountains: Reflections on Beijing'95 and Beyond. *Signs, 22*(1), 185-92.

Cook, R. J.(1990). Reservations to the Convention on the Elimination of All Forms of Discrimination Against Women. *Virginia Journal of International Law, 30*(4), 643-716.

D'Amico, F. (1994). Pluralist and Critical Perspectives. In Beckman and D'Amico (eds.), 55-73.

Deutz, A. M. (1993). Gender and International Human Rights. *The Fletcher Forum of World Affairs, 17*(2), 33-51.

Doyle, M. W. and Ikenberry, G. (eds.)(1997). *New Thinking in International Relations Theory*. Oxford: Westview Press.

Elshtain, J. B. (1981). *Public Man, Private Woman: Women in Social and Political Thought*. Princeton, NJ: Princeton University Press.

Elshtain, J. B. (1987). *Women and War*. New York: Basic Books.

Elshtain, J. B. (1992). Sovereignty, Identity, Sacrifice. In Peterson (ed.), 141-54.

Elshtain, J. B. (1994). Thinking about Women and International Violence. In Beckman and D'Amico (eds.), 109-18.

Elshtain, J. B. (1997). Feminist Inquiry and International Relations. In Doyle and Ikenberry (eds.), 77-90.

Enloe, C. (1990). *Bananas, Beaches & Bases: Making Feminist Sense of International Politics.* Berkeley: University of California Press.

Enloe, C. (1993). *The Morning After: Sexual Politics at the End of the Cold War.* Berkeley: University of California Press.

Friedan, B. (1995). Beyond Gender. *Newsweek, 126*(10), 30-3. Also Available on http://www.feminist.com/resources/artspeech/gen-wom/beyond.htm (2001/1/17).

Friedan, B. (1998). *It Changed My Life: Writings on the Women's Movement.* Cambridge, Massachusetts: Harvard University Press. (Original published in 1976)

Galey, M. E. (1979). Promoting Nondiscrimination Against Women: The UN Commission on the Status of Women. *International Studies Quarterly, 23*(2), 273-302.

Galey, M. E. (1986). The Nairobi Conference: The Powerless

Majority. *PS, 19*(2), 255-65.

Galey, M. E. (1994). The United Nations and Women's Issues. In Backman and D'Amico (eds.), 131-40.

Galey, M. E. (1995). Women Find a Place. In Winslow (ed.), 11-27.

Gilliam, A. (1991). Women's Equality and National Liberation. In Mohanty et al (eds.), 215-36.

Gould, C. C. (ed.)(1984). *Beyond Domination: New Perspectives on Women and Philosophy*. New Jersey: Rowman & Allanheld Publishers.

Harding, S. (1986). *The Science Question in Feminism*. Ithaca: Cornell University Press.

Harding, S. (1991). *Whose Science? Whose Knowledge? Thinking From Women's Lives*. Milton Keynes: Open University Press.

Harrison, R. J. (1989). Women's Rights: 1975-1985. In Taylor and Groom (eds.), 226-44.

Holmes, H. B. (1984). A Feminist Analysis of the Universal Declaration of Human Rights. In Gould (ed.), 250-64.

Hoskyns, C. (1994). Gender Issues in International Relations: The Case of the European Community. *Review of International Studies, 20*(3), 225-39.

Humm, M. (ed.)(1992). *Feminisms: A Reader*. New York: Harvester

Wheatsheaf.

Izraeli, D. N.(1981). Comments on Tinker's 'A Feminist View of Copenhagen'. *Signs,* 6(4), 783-4.

Jaquette, J. S. (1995). Losing the Battle/Winning the War: International Politics, Women's Issues, and the 1980 Mid-Decade Conference. In Winslow (ed.), 45-59.

Johnson-Odim, C. (1991). Common Themes, Different Contexts: Third World Women and Feminism. In Mohanty et al (eds.), 314-27.

Karam, A. (2000). Beijing+5: Women's Political Participation: Review of Strategies and Trends. In UNDP. *Women's Political Participation and Good Governance: 21st Century Challenges.* United Nations Development Programme. Available on http://magnet.undp.org/new/pdf/gender/wpp/ women_book.pdf

Kardam, N. (1994). Women and Development. In Backman and D'Amico (eds.), 141-53.

Kaufman, N. H. and Lindquist, S. A. (1995). Critiquing Gender-Neutral Treaty Language: The Convention on the Elimination of All Forms of Discrimination Against Women. In Peters and Wolper (eds.), 114-125.

Kegley, C. W. Jr. and Wittkopf, E. R. (1993). *World Politics: Trends* *and Transformation (4th ed.).* New York: St. Martin's Press.

Koczberski, G. (1998). Women in Development: A Critical Analysis. *Third World Quarterly, 19*(3), 395-409.

Lapid, Y. and Kratochwil, F. V. (eds.)(1996). *The Return of Culture and Identity in IR Theory.* Boulder & London: Lynne Reinner Publishers.

Mair, L. M. (1986). Women: A Decade is Time Enough. *Third World Quarterly, 8*(2), 583-93.

Mansbridge, J. (1999). Should Blacks Represent Blacks and Women Represent Women? A Contingent 'Yes'. *Journal of Politics, 61*(1), 628-57. Also available on http://www.ksg.harvard. edu/wappp/research/mansbrid.pdf

Marchand, M. H. and Runyan, A. S. (eds.) (2000). *Gender and Global Restructuring: Sightings, Sites and Resistances.* London & New York: Routledge.

Mayhall, S. L. (1993). Gendered Nationalism and 'New' Nation-States: 'Democratic Progress' in Eastern Europe. *The Fletcher Forum of World Affairs, 17*(2), 91-9.

McIntosh, M. (1981). Comments on Tinker's 'A Feminist View of Copenhagen'. *Signs, 6*(4), 771-5.

Mohanty, C. T. (1991). Introduction: Cartographies of Struggle: Third

World Women and the Politics of Feminism. In Mohanty et al
(eds.), 1-50.

Mohanty, C. T., Russo, A. and Torres, L. (eds.)(1991). *Third World Women and the Politics of Feminism.* Bloomington and Indianapolis: Indiana University Press.

Moser, Caroline O. N. (1989). Gender Planning in the Third World: Meeting Practical and Strategic Gender Needs. *World Development, 17*(11), 1799-1825.

Nicol, D. N. and Croke, M. (eds.)(1978). *The United Nations and Decision-Making: The Role of Women.* New York: UNITAR.

Okeyo, A. P. (1981). Reflections on Development Myths. *Africa Report (March/April),* 7-11.

Okin, S. M. (1998). Gender, the Public, and the Private. In Phillips (ed.), 116-41.

Papanek, H. (1975). The Work of Women: Postscript from Mexico City. *Signs, 1*(1), 215-26.

Peters, J. and Wolper, A. (eds.)(1995). *Women's Rights, Human Rights: International Feminist Perspectives.* New York & London: Routledge.

Peterson, V. S. (1990). Whose Rights? A Critique of the 'Givens' in Human Rights Discourse. *Alternatives, 15*(3), 303-44.

Peterson, V. S. (1992a). Transgressing Boundaries: Theories of Knowledge, Gender and International Relations. *Millennium*, *21*(2), 183-206.

Peterson, V. S. (1992b). Introduction. In Peterson (ed.), 1-29.

Peterson, V. S. (1992c). Security and Sovereign States: What is at Stake in Taking Feminism Seriously? In Peterson (ed.), 31-64.

Peterson, V. S. (ed.) (1992). *Gendered States: Feminist (Re)Visions of International Relations Theory*. Boulder: Lynne Rienner Publishsers.

Peterson, V. S. and Runyan, A. S. (1993). *Global Gender Issues*. Boulder: Westview.

Pettman, J. J. (1996). *Wording Women: A Feminist International Politics*. London and New York: Routledge.

Pfeffer, P. F. (1985). 'A Whisper in the Assembly of Nations': United States' Participation in the International Movement for Women's Rights from the League of Nations to the United Nations. *Women's Studies International Forum, 8*(5), 459-71.

Phillips, A. (ed.)(1998). *Feminism and Politics*. Oxford: Oxford University Press.

Pierson, R. R. (ed.) (1987). *Women and Peace: Theoretical, Historical and Practical Perspectives*. London: Croom Helm.

Robinson, M. (1999). A Selective Declaration. *Harvard International Review, 21*(4), 60-3.

Reardon, B. A. (1993). *Women and Peace: Feminist Visions of Global Security.* New York: State University of New York Press.

Safa, H. I. (1981). Comments on Tinker's 'A Feminist View of Copenhagen'. *Signs, 6*(4), 778-80.

Sapiro, V. (1998). When are Interests Interesting? The Problem of Political Representation of Women. In Phillips (ed.), 161-92.

Schuck, V. (1985). Forum'85 and the United Nations Decade for Women Conference. *PS, 18*(4), 907-11.

Sharoni, S. (1993a). Middle East Politics Through Feminist Lenses: Toward Theorizing International Relations from Women's Struggles. *Alternatives, 18*(1), 5-28.

Sharoni, S. (1993b). Gender and Middle East Politics. *The Fletcher Forum of World Affairs, 17*(2), 59-73.

Ship, S. J. (1994). And What About Gender? Feminism and International Relations Theory's Third Debate. In Turenne and Cox (eds.), 129-51.

Smith, S. (1996). Positivism and Beyond. In Smith, Booth and Zalewski (eds.), 11-44.

Smith, S., Booth, K. and Zalewski, M. (eds.)(1996). *International*

Theory: Positivism & Beyond. Cambridge: Cambridge University Press.

Spivak, G. C. (1995). 'Women' as Theatre: UN Conference on Women, Beijing, 1995. *Radical Philosophy*, No. 75, 2-5.

Steans, J. (1998). *Gender and International Relations: An Introduction.* New Brunswick, NJ: Rutgers University Press.

Stienstra, D. (1994). *Women's Movements and International Organizations.* London: Macmillan.

Stienstra, D. (2000). Dancing Resistance from Rio to Beijing: Transnational Women's Organizing and United Nations Conferences, 1992-6. In Marchand and Runyan (eds.), 209-24.

Sullivan, D. (1995). The Public/Private Distinction in International Human Rights Law. In Peters and Wolper (eds.), 126-33.

Sylvester, C. (1994). *Feminist Theory and International Relations in a Postmodern Era.* Cambridge: Cambridge University Press.

Sylvester, C. (1996). The Contributions of Feminist Theory to International Relations. In Smith, Booth and Zalewski (eds.), 254-78.

Taylor, P. and Groom, A. J. R. (eds.) (1989). *Global Issues in the United Nations'Framework.* London: Macmillan.

Tickner, J. A. (1988). Hans Morgenthau's Principles of Political

Realism: A Feminist Reformulation. *Millennium, 17*(3), 429-40.

Tickner, J. A. (1992). *Gender in International Relations: Feminist Perspectives on Achieving Global Security.* New York: Columbia University Press.

Tickner, J. A. (1994). A Feminist Critique of Political Realism. In Beckman and D'Amico (eds.), 29-40.

Tickner, J. A. (1996). Identity in International Relations Theory: Feminist Perspectives. In Lapid and Kratochwil (eds.), 147-62.

Tinker, I. (1980). A Feminist View of Copenhagen. *Signs, 6*(3), 531-5.

Tinker, I. (1983). Women in Development. In Irene Tinker (ed.). *Women in Washington: Advocates for Public Policy.* Beverly Hills, London and New Delhi: Sage: 227-37.

Tinker, I. (1986). Reflections on Forum'85 in Nairobi, Kenya: Voices From the International Women's Studies Community. *Signs, 11*(3), 586-9.

Tinker, I. and Jaquette, J. (1987). UN Decade for Women: Its Impact and Legacy. *World Development, 15*(3), 419-27.

Tobias, S. (1997). *Faces of Feminism: An Activist's Reflections on the Women's Movement.* Boulder: Westview.

Turenne, C. S. and Cox, W. S. (eds.)(1994). *Beyond Positivism: Critical Reflections on International Relations.* Boulder &

London: Lynne Rienner Publishers.

United Nations(1947). *Yearbook of the United Nations, 1947-8*. New York: UN.

United Nations(1974). *Yearbook of the United Nations, 1974*. New York: UN.

United Nations(1975). *Meeting in Mexico: the Story of the World Conference of the International Women's Year*. New York: UN.

United Nations(1980). *Report of the World Conference of the United Nations Decade for Women: Equality, Development and Peace, Copenhagen, 14 to 30 July 1980*. New York: UN.

United Nations(1989). *The Work of CEDAW: Reports of the Committee on the Elimination of Discrimination Against Women (CEDAW)*. New York: UN.

United Nations(1995a). *The United Nations and the Advancement of Women, 1945-1995*. New York: UN.

United Nations(1995b). *Yearbook of the United Nations, 1995*. New York: UN.

United Nations(2000). *UN Chronicle, 37*(1). New York: UN.

Wang Zheng(1996). A Historic Turning Point for the Women's Movement in China. *Signs, 22*(1), 192-9.

Whitaker, J. S. (1975). Women of the World: Report from Mexico

City. *Foreign Affairs, 54*(1), 173-81.

Whitworth, S. (1989). Gender in the Inter-Paradigm Debate. *Millennium, 18*(2), 265-72.

Whitworth, S. (1994). *Feminist Theories: From Women to Gender and World Politics.* In Beckman and D'Amico (eds.), 76-88.

Willetts, P. (ed.) (1982). *Pressure Groups in the Global System: the Transnational Relations of Issue-Orientated Non-Governmental Organizations.* London: Frances Pinter Publishers.

Winslow, A. (ed.)(1995). *Women, Politics, and the United Nations.* Westport, CT: Greenwood Press.

Zalewski, M. (1993). *Feminist Theory and International Relations.* In Bowker and Brown (eds.), pp. 115-44.

Zalewski, M. (1995). Well, What is the Feminist Perspective on Bosnia? *International Affairs, 71*(2), 229-56.

二、聯合國文件

（一）各類報告、宣言、議定書等

E/CN.6/132 (16 March 1950).   Report of the Secretary-General to the CSW on the participation of women in the work of the United Nations.

E/PV.4 (28 May 1946).   Statement make by the Chair of the

Subcommission on the Status of Women, Bodil Gegtrup, to ECOSOC, recommending that the status of the subcommission be raised to full Commission.

E/281/Rev.1 (25 February 1947). Report of the CSW to ECOSOC on the first session of the Commission.

E/CN.6/131 (15 March 1950). Report of the Secretary-General to the CSW on discrimination against women in the field of political rights.

E/CONF.66/34. Report of the World Conference of the International Women's Year, held in Mexico City from 19 June to 2 July 1975.

A/CONF.94/35. Report cf the World Conference of the United Nations Decade for Women: Equality, Development and Peace, held in Copenhagen from 14 to 30 July 1980.

A/CONF.116/28/Rev.1. Report of the World Conference to Review and Appraise the Achievements of the United Nations Decade for Women: Equality, Development and Peace, held in Nairobi from 15 to 26 July 1985.

E/CN.6/1990/5 (22 November 1989). Report of the Secretary-General to the CSW on the first review and appraisal of the implementation of the Nairobi Forward-looking Strategies, assessing progress at the national, regional and international levels.

A/CONF.151/26/Rev.1 (Vol. 1) (93.I.8) (1992). Agenda 21 (UN Conference on Environment and Development, UNCED).

CEDAW/C/1992/L.1/Add.15. United Nations, Committee on the Elimination of the Discrimination against Women, Eleven Session, General Recommendation 19.

ST/AI/382 (3 March 1993). Memorandum to United Nations staff on special measures to improve the status of women in the Secretariat.

A/CONF.157/24 (Part I) (13 October 1993). Vienna Declaration and Programme of Action (World Conference on Human Rights).

E/CN.4/1993/50 (10 February 1993). Report on the situation of human rights in the territory of the former Yugoslavia.

A/CONF.171/13 (18 October 1994). Programme of Action (The 3rd International Conference on Population and Development, ICPD).

A/49/587 (1 November 1994). Report of the Secretary-General to the General Assembly on the improvement of the status of women in the Secretariat.

E/CN.4/1995/42 (22 November 1994). Preliminary report submitted by the Special Rapporteur on violence against women, its causes and consequences.

A/CONF.166/9 (1995). Copenhagen Declaration on Social Development (World Summit for Social Development).

E/CN.6/1995/3/Add.4. Second review and appraisal of the implementation of the Nairobi Forward-looking Strategies for the Advancement of Women: Report of the Secretary-General.

A/CONF.177/20 (17 October 1995). Report of the Forth World Conference on Women: Beijing Declaration and Platform for Action. Available on http://www.un.org/womenwatch/confer/beijing/reports/plateng.htm

E/CN.4/1996/53/Add.1 (4 January 1996). Report on the mission to the Democratic People's Republic Korea, the Republic of Korea and Japan on the issue of military sexual slavery in wartime.

E/CN.4/1996/68 (29 January 1996). Report on the situation of human rights in Rwanda.

E/CN.4/Sub.2/1996/26 (16 July 1996). Preliminary report of the Special Rapporteur on the situation of systematic rape, sexual slavery and slavery-like practices during periods of armed conflict.

E/CN.4/1998/54 (26 Jan. 1998). Report of the Special Rapporteur on violence against women, its causes and consequences.

E/CN.4/Sub.2/1998/13 (22 June 1998). Contemporary Forms of

Slavery: system rape, sexual slavery and slavery-like practices during armed conflict.

A/55 (26 September 2000). Report of the Secretary-General: Improvement of the status of women in the Secretariat.

E/CN.4/2001/73 (23 Jan. 2001). Violence Against Women Perpetrated and/or Condoned by the State During the Armed Conflict (1997-2000), Report of the Special Rapporteur on violence against women, its causes and consequences.

Report of the CSW: 1953, 1954, 1956, 1959, 1962, 1966, 1968, 1969, 1970, 1972, 1992.

（二）大會、安理、經社理事會的決議

E/RES/2/11 (21 June 1946). ECOSOC resolution establishing the Commission on the Status of Women (CSW).

E/RES/48(IV) (29 March 1947). ECOSOC resolution defining the functions of the CSW and requesting Member States to provide the Commission with data on the legal status and treatment of women in their countries.

UN, ECOSOC Res. 1849(LVI) (16 May 1974).

UN, ECOSOC RES. 1851(LVI) (16 May 1974).

UN, GA Res. 3276(XXIX) (10 December 1974).

UN, GA Res. 3277(XXIX) (10 December 1974).

UN, GA Res. 3520(XXX) (15 December 1975).

A/RES/49/167 (23 December 1994). General Assembly resolution on improvement of the status of women in the Secretariat.

UN, GA Res. 52/100, 52/231 (1997).

A/54/4 (6 October 1999). 21-Article Optional Protocol to the CEDAW.

S/RES/1325 (2000) (31 October 2000).

三、網站資料

The Four Global Women's Conferences 1975-1995: Historical Perspective. (n. d.). Retrieved October 27, 2000, from http://www.un.org/womenwatch/daw/followup/session//presskit/hist.htm

The Role of Women in United Nations Peace-keeping. (n. d.). Retrieved October 27, 2000, from gopher://gopher.undp.org/00/secretar/dpcsd/daw/w2000/1995-1.en

Sexual Violence and Armed Conflict: United Nations Response (April 1998). Retrieved November 1, 2001, from http://www.un.org/womenwatch/daw/public/w2apr98.htm

Status of Ratification of the Principal Human Rights Treaties (22 October 2000). Retrieved November 1, 2001, from http://

www.unhchr.ch/pdf/ report.pdf

女性全球領袖中心（Center for Women's Global Leadership）：
http://www.cwgl.rutgers.edu/

世界女性2000：趨勢與統計（The World's Women 2000: Trends and Statistics）：http://www.un.org/events/women2000/index.htm

台灣婦女資訊網：http://taiwan.yam.org.tw/

跨國國會聯盟（Inter-Parliamentary Union）：http://www.ipu.org/english/home.htm

聯合國2000年北京加五會議（Beijing+5: Women 2000）：http://www.un.org/womenwatch/daw/followup/beijing+5.htm（2001/8/29）

聯合國女性公約監管小組（Committee on the Elimination of Discrimination against Women）：http://www.un.org/women-watch/daw/cedaw/index.html

聯合國婦女地位委員會（Commission on the Status of Women）：http://www.un.org/womenwatch/daw/csw/

聯合國婦女發展基金（United Nations Development Fund for Women）：http://www.undp.org/unifem/

聯合國婦女觀察網（Women Watch）：http://www.un.org/ women-watch/

聯合國第四屆世界婦女大會[1]（United Nations Fourth World Conference on Women）：

http://www.igc.org/beijing/beijing.html;

http://www.un.org/womenwatch/daw/beijing/index.html;

http://www.un.org/womenwatch/confer/beijing/reports/ plateng.htm

註釋

1 關於第四屆世界婦女大會的網站本文蒐集了三個，彼此間也有共用同一文件的情形，但是每一個網站各有特色。第一個網站是由「全球傳播機構」（Institute of Global Communications, IGC）在會議期間所設立的，因此有一些線上的論壇、藝廊等，特別之處在於有許多美國代表在此會議中立場與看法，也收錄了與會議相關的照片與藝術作品。第二個與第三個網站都是由聯合國所設的網站，前者的特殊處在於收錄了會議相關的活動資訊與照片；第三個網站的優點在於將會議報告分割成若干檔案，報告的內容也較第一及第二個網站所能查詢到的更為完整，如果只是要查詢會議報告，此網站比較清楚。

國家圖書館出版品預行編目資料

女性與聯合國 ＝ Women and the United Nations /
鄧修倫著. -- 初版. -- 臺北市：揚智文化,
2003 [民 92]
面； 公分. --（知識政治與文化系列；
4）
參考書目：面
ISBN 957-818-549-9（平裝）

1. 女性主義

544.52   92014623

女性與聯合國　　　知識政治與文化系列 4

著　　　者☞ 鄧修倫
編 輯 委 員☞ 石之瑜・廖光生・徐振國・李英明・黃瑞琪・黃淑玲
・沈宗瑞・歐陽新宜・施正鋒・方孝謙・黃競涓・江
宜樺・徐斯勤・楊婉瑩
出 版 者☞ 揚智文化事業股份有限公司
發 行 人☞ 葉忠賢
總 編 輯☞ 林新倫
執 行 編 輯☞ 吳曉芳
登 記 證☞ 局版北市業字第 1117 號
地　　　址☞ 台北市新生南路三段 88 號 5 樓之 6
電　　　話☞ （02）23660309
傳　　　真☞ （02）23660310
郵 撥 帳 號☞ 19735365　戶名：葉忠賢
法 律 顧 問☞ 北辰著作權事務所　蕭雄淋律師
印　　　刷☞ 偉勵彩色印刷股份有限公司
初 版 一 刷☞ 2003 年 12 月
Ｉ Ｓ Ｂ Ｎ☞ 957-818-549-9
定　　　價☞ 新台幣 250 元
網　　　址☞ http://www.ycrc.com.tw
Ｅ-ｍａｉｌ☞ yangchih @ycrc.com.tw